Happy Ruhestand

Wer zuletzt lacht, lacht am besten!

Satirische Ratschläge, Rentnerwitze und Cartoons
als originelles Geschenk zum Renteneintritt

Andreas Bergmann

HAPPY RUHESTAND

WER ZULETZT LACHT, LACHT AM BESTEN!

SATIRISCHE RATSCHLÄGE,

RENTNERWITZE UND CARTOONS

ALS ORIGINELLES GESCHENK ZUM RENTENEINTRITT

ANDREAS BERGMANN

Inhalt

Happy Ruhestand!

»Und was willst du jetzt machen??«, »Muss schwer sein, so ganz ohne Sinn im Leben ..!«

– ähnlich deprimierende Sprüche hört wohl jeder Berufstätige, der die bedeutende Schwelle vom Arbeitsleben zum Ruhestand passiert. Forscher behaupten sogar, dass die Rente Herzinfarkte auslösen kann und die armen Ruheständler just mit dem Schritt aus der Bürotür sofort in ein tiefes seelisches Loch fallen. Das sollen die schönen Aussichten für den goldenen Lebensabend sein?

Die apokalyptische Perspektive für die Mehrheit der Bevölkerung? Denn jetzt, wo die personenstärksten Jahrgänge, die Babyboomer, in den Ruhestand gehen, verzerrt sich die Bevölkerungspyramide von ihrer Pyramidenform zunehmend in eine Art klassisches Weißbierglas. Mit einer so ausladenden Schaumkrone, dass im Jahre 2035 jeder dritte Deutsche älter als 65 Jahre sein wird. Sollten all die Menschen, die das perlende Nichtstun auf der schaumig-weichen Rentenwolke genießen, wirklich so arm dran sein?

Schluss mit der Altersdiskriminierung! Die Wahrheit ist doch: Die arbeitende Bevölkerung macht Ihnen Ihren Ruhestand aus blankem Neid madig. In Wirklichkeit bieten sich jenen, die jenseits von Bürohackordnung und Terminstress stehen, plötzlich ungeahnte Möglichkeiten der Welt- und Selbstsicht. [Buchtitel] räumt mit den hässlichen Renten-Klischees auf und zeigt den beneidenswert amüsanten Alltag im Ruhestand. Wer da noch arbeiten will, muss völlig irre sein!

Kleine Bemerkung für kritische Leser: Ihnen wird es kaum entgangen sein, dass die junge Generation im Genderwahn ist. Will heißen: AutorInnen müssen heutzutage ihre WörterInnen und SätzInnen an sämtliche GeschlechterInnen richten (männlich, weiblich und nicht-binär), um nicht zu riskieren, dass politisch korrekte ExtremistInnen ihnen die Fensterscheiben mit in rosa Schlüpfer gewickelten Ziegelsteinen einwerfen.

Das ist uns schnuppe. Im Angedenken an Loriots Pappa ante Portas und unter Berücksichtigung der

vorherrschenden Rollenverteilung im Geburtsjahrgang 1955 behaupten wir: Rentnerkomik lebt von einem patriarchalischen Familienmodell! Lesen darf das Buch, wer sich oder seinen Gatten darin wiederfindet. Alle unkonventionellen liberalen Hippie-Seelen sollten es als unterhaltsame Sozialstudie werten und sich nicht daran stoßen, wenn wir den Archetypus eines Rentners als konservativen Bürohengst zeichnen. Wer trotzdem wütend wird, wirft seine Ziegelsteine am besten in folgendes Postfach:

happyruhestand@web.de

HERBERT IST ERST SEIT LETZTER WOCHE IM RUHESTAND

Wie nennt man Leute, die montags gute Laune haben? Rentner!

Herzlichen Glückwunsch: Sie sind Rentner! Selbst wenn Sie diese Tatsache gern einfach übergehen wollten, wie den einen oder anderen runden Geburtstag der vergangenen Dekaden – Ihre Umwelt wird Sie gnadenlos daran erinnern. Mit Blumensträußen, lustigen Kaffeebechern und passenden Buchpräsenten (*Deshalb halten Sie dieses Werk doch in den Händen, oder?*) demonstrieren Ihnen Kollegen und Familie ihr Mitgefühl. Fast so rührselig, wie sie es bei einem Gipsbein oder einem Herzinfarkt am Krankenhausbett tun würden. Geschenke und tränenreiche Ansprachen bekunden unverhohlen ihr Beileid dafür, dass Sie nun in einen todlangweiligen und schwer definierbaren Lebensabschnitt eintreten werden. Doch da irren Ihre zukünftigen Ex-Kollegen gewaltig!

Denn: Das Rentnerdasein wird in Deutschland sehr bald zur Norm avancieren. Da aktuell die geburtenstärksten Jahrgänge das Renteneintrittsalter erreichen, stellt sich die Alterspyramide hierzulande langsam aber sicher auf den Kopf. Noch sind etwa 21 Prozent der Bevölkerung 65 Jahre oder älter. Doch in 10 bis 15 Jahren wird jeder Dritte Ihrer Altersgruppe angehören. Noch mal 15 Jahre weiter in die Zukunft gedacht, wird jedem Arbeitnehmer hierzulande statistisch gesehen ein Rentner gegenüberstehen. Da stellt sich berechtigt die Frage: Welcher Status ist eigentlich „unnormaler“? Kopfrauchend in einem schlecht klimatisierten Büro zu malochen oder sich im Ruhestand die Sonne auf den Bauch scheinen zu lassen?

Doch die Medien wollen einfach nicht aufhören, Ihnen und Ihren Altersgenossen das Rentnerdasein madig zu machen: Zugegeben, Ihre Rente fällt jetzt vielleicht nicht so hoch aus, wie Sie es sich vor 30 Jahren ausgemalt hatten. Das wäre ein berechtigter Kritikpunkt an Ihrer Lage. Die aktuelle Berichterstattung will Ihnen allerdings weismachen, dass Deutschlands Rentner neben einem magersüchtigen Portemonnaie noch an multiplen anderen Krankheiten leiden. Der typische Rentner, so heißt es in den großen Blättern, kränkele nach seinem Ausscheiden aus der Arbeitswelt an Sinnentleerung und fehlender Selbstwirksamkeit. Selbstwirksamkeit ist einer dieser neuen Modebegriffe von Business Coaches und heißt zu Deutsch, dass man wahrnimmt, wie die eigene Arbeit sicht- und spürbare Ergebnisse und Veränderungen hervorbringt. Ursache = Wirkung, quasi.

Kann es sein, dass so viel Selbstwirksamkeit mit dem Ruhestand verloren geht? Jeder, der sein

Arbeitsleben nicht gerade als Bill Gates oder Angela Merkel hinter sich brachte, weiß schließlich: Selbstwirksamkeit im Büro ist nur da zu finden, wo sie nicht mit den sinnentleerten Vorgaben des Chefs kollidiert. Der Durchschnittsarbeiter verspürt sie also, wenn er Glück hat, bei der Kaffeesortenauswahl oder bei der Wahl seiner Pflanzendekoration auf dem Fensterbrett. Da könnte man sich im Ruhestand durchaus steigern. Zum Beispiel einen neuen Markisenstoff für die Terrasse aussuchen. Oder mal ayurvedischen Chai-Tee trinken statt den ewigen Automatenkaffee.

Dennoch: Mediziner, die ihrerseits noch nicht im Ruhestand sind, malen gern den Teufel an die Wand des Neu-Rentner Zuhauses: Von einem dramatisch erhöhten Herzinfarkt- und Schlaganfallrisiko im ersten Ruhestandsjahr ist die Rede. Und von der ernsten Gefahr, ohne die seelische Stützstrumpfhose des Jobs in eine schwere Depression zu zerfließen. Auch die Kollegen lassen beim Abschied im Büro gern ihre Sorgen durchblicken, wenn sie dem frischgebackenen Rentner wünschen, dass es in Zukunft hoffentlich nicht langweilig wird. So manch ein angehender Ruheständler mag sich unter einem Meer von Blumen, weinenden Sekretärinnen, abschiedsträchtigem Händeschütteln und guten Wünschen so vorkommen wie auf seiner eigenen Beerdigung.

Doch, Moment mal … irgendwas kann hier nicht stimmen! Wenn der Ruhestand ein so schweres Schicksal wäre, wie die werten Kollegen einem scheidenden Mitarbeiter suggerieren, warum ist dann die arbeitende Bevölkerungsgruppe in Deutschland nicht ein wenig glücklicher? Warum frohlockt sie nicht, wenn die Politik auf die glorreiche Idee kommt, das auf 67 angehobene Renteneintrittsalter demnächst auf 70 Jahre heraufzusetzen? **»Puh, ein Glück«**, sollte der Kollege denken, der Ihnen zum Renteneintritt einen Strauß Chrysanthemen mit Kondolenzkarte übergibt, **»ich darf 5 Jahre länger arbeiten als der arme Herr Schneider«.**

Aber so scheint es nicht zu funktionieren. Ihr Kollege hat Ihnen vielleicht mit mitleidigem Blick Ihr Abschiedsgeschenk überreicht – doch das ist nur eine perfide Strategie, seine wahren Gefühle des blanken Neids zu kaschieren. Der faule Hund will nämlich gar nicht mehr arbeiten! Zumindest statistisch gesehen. Laut Umfragen ist die Hälfte der Arbeitnehmer hierzulande mit ihrem Job unzufrieden. Die andere Hälfte, die das in Umfragen nicht so deutlich preisgeben will, erkauft sich ein bisschen Freiheit per AU-Schein: Im Jahre 2019 vermeldeten die gesetzlichen Krankenkassen, die Fehltage hätten ein neues Rekordniveau erreicht. Abgesehen von der schnöden Grippe rangieren Rückenschmerzen und psychische Erkrankungen unter den Top 3 der Krankschreibungsgründe.

Hier wird klar: Nicht die Rente macht krank, sondern die Arbeit.

Das bestätigt auch der Stressreport, den die Techniker Krankenkasse im Jahre 2016 erhob. Er verrät, dass sich zwei Drittel der deutschen Bevölkerung permanent gestresst fühlen. Etwa wegen der digitalen Informationsüberflutung? Dem Schönheitswahn? Der unkontrolliert wachsenden Auswahl von Kaffeesorten? Nein! Die Mehrheit der Menschen sieht den Grund für ihr Stressgefühl in ihrer Berufstätigkeit. Dass sie recht haben, ist sogar wissenschaftlich bestätigt. Neue Forschungserkenntnisse zeigen, dass ein Mensch sich im Grunde nicht mehr als 25 Stunden in der Woche konzentrieren kann. Laut wissenschaftlichen Studien schadet ein 40-Stunden-Job ab dem Alter von 40+ sogar nachhaltig unserer Gehirnsubstanz. Vor der Verblödung durch Arbeit kann sich nur retten, wer sich am Schreibtisch ein entspanntes Biotop mit Moorhuhnschießen und Candy Crush geschaffen hat, ohne vom Chef im Übermaß gestört zu werden. Wird der Vorgesetzte zu aufmüpfig, könnten Arbeiter auch eine Kopie der betreffenden Studie an ihre Bürowand heften. Auf jeden Arbeitsauftrag des Chefs folgt der Fingerzeig auf die wissenschaftlichen Daten:

> »Chef, Sie wissen doch, ich helfe gern. Aber wollen Sie der Gehirnmasse Ihrer Mitarbeiter schaden? Das könnte sich vielleicht negativ auf die Quartalszahlen auswirken!«

Doch das alles ist nicht mehr Ihr Problem. Sie sollten sich von den jungen Ex-Kollegen kein X für ein U vormachen lassen: Das herzliche Beileid gilt nicht Ihnen, sondern der arbeitenden Bevölkerung. Nicht umsonst dominieren utopische Ratgeber wie „Die 4-Stunden-Woche“ oder „Rente mit 40“ seit Jahren die Bestsellerlisten. Wenn Sie Ihre Laune in den ersten melancholischen Tagen Ihres Ruhestands mal so richtig aufmöbeln wollen, dann googeln Sie einfach *„Ich will nicht mehr arbeiten“*. Neben verzweifelten Hilferufen in Anti-Suizid-Foren finden Sie dort auch Interviews in seriösen Online-Zeitungen. Dort berichtet zum Beispiel die 21-jährige Natascha irritiert:

> »Wie machen erwachsene Leute das? Ich sitze jetzt den ganzen Tag von neun bis 18 Uhr an einem Arbeitsplatz im Neonlicht. Die Stunden vergehen, draußen tanzen die Menschen im Sonnenlicht, und ich bin in diesem Großraumbüro gefangen. Und habe keine Zeit mehr für das restliche Leben. Wann geht man da zum Arzt oder zum Amt? Kann ich jetzt wirklich nur noch samstags einkaufen? Nur noch abends mein Privatleben leben? Nachdem ich ganze

vier Wochen arbeite, schwant mir, dass ich hier meine Zeit und mein Leben verschwenden werde – ist das wirklich so gedacht?!"

Liebe Natascha, ja, ist es. Huscht Ihnen beim Lesen dieser Klagen jetzt das triumphale Grinsen eines Überlebenden übers Gesicht? Dann wissen Sie: Ihr Ruhestand wird Ihnen Spaß machen. Da bemüht sich eine ganze junge Generation nach allen Kräften um etwas, das Ihnen einfach in den Schoß fällt. Die armen Kinder um die 40 wählen ein entbehrungsreiches Leben als „digitale Nomaden", siedeln vom Eigenheim in den Wohnwagen um oder gehen Anlagebetrügern und Bauernfängern auf den Leim, weil sie so verzweifelt den Wunsch hegen, nicht mehr täglich ins Büro gehen zu müssen.

Und Sie? Sie haben jetzt die offizielle Lizenz zum Urlaub ohne Ende. Wollen Sie wissen, ob Ihnen die Umstellung leichtfällt? Dann beantworten Sie die folgenden Testfragen:

Welcher Rentner sind Sie? Der Psychotest für den Ruhestand

Sie erwachen um 7.15 Uhr am Morgen. Was tun Sie?

A) Kreiiiiisch! Schon viel zu spät! Jetzt im Rekordtempo: *Toilettezähneputzenunterwäschewechselnkaffeemaschineanstellenhemdsockenhoseanziehenkämmenwosinddieschuhe* … ähhh, Mist. Total vergessen. Bin ja in Rente. Zurück ins Bett.

B) Sie heben ein Augenlid, um die Uhrzeit zu überprüfen, und kuscheln sich in die Bettdecke. Ein erhebendes Gefühl der Überlegenheit durchströmt Sie, wenn Sie an all die armen Würstchen denken, die jetzt im Regen an der Bushaltestelle stehen. Sie fangen an zu lachen, bis Sie nicht mehr weiterschlafen können.

Sie stehen morgens vor Ihrem Kleiderschrank. Was ziehen Sie an?

A) Da verfüge ich über eine breite Auswahl: Hemden, die von Weiß, über Weiß mit hauchdünnen dunkelweißen Linien bis hin zu einem Kurz-vor-Hellblau-Weiß rangieren. Dazu die passende unaufdringliche Krawatte, dunkle Hose und Jackett. Am Freitag werfe ich dann alle Konventionen über Bord. Da darf es die legere Version sein. Also ohne Krawatte, höhö.

B) Anziehen? Ich lasse ab jetzt meine Gattin meinen Luxuskörper am Frühstückstisch in Feinripp bewundern. Für den Nachmittag … hatte ich nicht irgendwann in den 1990ern so ein schickes Hawaiihemd gekauft??

Die Kirche im Ort schlägt 12 Uhr. Was geht in Ihnen vor?

A) Ganz gleich, was ich tue: Ich springe auf, lasse die Arbeit fallen und versuche auf direktem Wege zu einem Schnitzel mit Pommes und Jägersauce zu kommen. Mahlzeit!

B) Ich beende gerade mein ausgiebiges Sektfrühstück, währenddessen ich ein interessantes Skype-Gespräch mit einem australischen Mitglied unseres internationalen Modelleisenbahnklubs hatte – inklusive Live-Demonstration seines Modells der Harzer Schmalspurbahn. Jetzt könnte ich mich so langsam daran machen, ein weiteres Kapitel meiner Memoiren zu verfassen, mit meiner Frau shoppen zu gehen oder meinen Koi-Karpfen beizubringen, durch einen brennenden Hula-Hoop-Reifen zu springen.

Als Sie mit Ihrer Frau Einkaufen fahren, führt die Straße an Ihrem früheren Arbeitsplatz vorbei. Was passiert?

A) Ich gestehe: Meine Frau muss jedes Mal die Wagentür rechtzeitig von innen verriegeln, weil ich sie sonst aufreißen und wie James Bond bei voller Fahrt herausspringen und über die Straße rollen würde. Da ich ja nun keine Schlüsselkarte für den Firmeneingang mehr besitze, habe ich bereits kalkuliert, wie ich über ein Baugerüst die Fassade erklimme, um in mein altes Büro einzubrechen. Ich glaube, Tom Cruise hat das in „Mission Impossible" ganz gut an einem Wolkenkratzer in Dubai vorgeturnt. Im Büro angelangt, halte ich dann meinem Chef einen Tacker an den Kopf, würge ihn mit seiner Krawatte und zwinge ihn, mich wieder einzustellen.

B) Früherer Arbeitsplatz? Habe ich gar nicht mitbekommen. Jetzt im Ruhestand genieße ich den Spaß, den man auf dem Beifahrersitz erlebt. Schilderzählen, Automarken raten, Tiere in den Wolken finden – meine Enkel haben mir da einen Haufen interessanter Spiele beigebracht.

Das Schnitzelkoma verfliegt gegen 16 Uhr so langsam. Womit beschäftigen Sie sich?

A) Ich suche verzweifelt nach einer sinnvollen Aufgabe und zermartere mir mein Hirn. Wem muss ich eine wichtige Mitteilung per Mail schicken? Eventuell den Kindern zwecks Planung des nächsten Weihnachtsessens? Da könnte man doch per Doodle Umfrage abstimmen, ob es Gans oder Karpfen geben soll. Immerhin drängt die Zeit – wir haben ja schon August.

B) Ich bin im Flow: Die Rasenkanten schneiden, den Kiesweg vom Laub säubern, die Terrassenplatten kärchern. Ich weiß gar nicht, warum Menschen Achtsamkeit und Meditation immer nur mit dem asiatischen Kontinent assoziieren. Das mitteleuropäische Spießbürgerleben hat sehr viel in dieser Hinsicht zu bieten. Da können Sie meine Frau fragen. Wenn ich am Abend wieder aus dem Garten komme, schwebe ich entspannt auf Wolke sieben.

Im Bus belauschen Sie ein Gespräch, in dem sich zwei Berufstätige über ihre trägen und verantwortungslosen Rentner-Eltern beklagen. Wie reagieren Sie?

A) Ich stelle den Kragen meines Trenchcoats hoch, ziehe den Hut tiefer ins Gesicht und angele in meiner Tasche nach einer Sonnenbrille. Nervös beginne ich die Internationale zu summen: *„... die Müßiggänger schiebt beiseite ...fideldumm"* – kann man mir das Rentnerdasein wohl ansehen? Jetzt kommt mir die rettende Idee: Ich fingiere einen Anruf und brülle extralaut zusammenhangslose Fetzen ins Handy, in denen „*Büro*", „*Kunde*" und „*Quartalszahlen*" vorkommt.

B) Ich lausche interessiert und überlege, ob ich den jungen Leuten einen Vortrag halten soll, der die wichtige Rolle der Senioren von der griechischen Antike bis in die Neuzeit umreißt. Von wegen träge und verantwortungslos! Platon war über 80 Jahre alt, als er die Demokratie erfunden hat. Ich öffne den Mund, um die Rabauken zurechtzuweisen, da muss ich plötzlich herzhaft gähnen, sodass ich mich lieber zurücklehne und eine Runde Candy Crush spiele.

Ihre Tochter ist am Telefon und will Ihnen Ihr kleines Enkelchen zum Babysitten aufdrücken, weil Sie ja nun in Rente sind und sicher Zeit dafür haben. Was antworten Sie?

A) Ich stammele etwas von *„Ja nun, eigentlich ... also, am Freitag da wäre jetzt nichts angedacht ... hmm, räusper“* und lasse mir von meiner Tochter fröhlich das Wort abschneiden, die frohlockt: *„Alles klar, Papa. Dann bring ich dir Kevin am Freitag um 14 Uhr! Ihr werdet sicher Spaß haben!“*

B) Ha! Da lasse ich mich nicht aufs Glatteis führen. Wenn ich eins in 30 Jahren Schreibtischarbeit gelernt habe, dann ist es, Geschäftigkeit überzeugend vorzutäuschen. Inspiriert von Freizeit-Tipps aus der Apotheken-Umschau bombardiere ich meine Tochter mit fiktiven Informationen über meinen Terminkalender: Tai-Chi, Nordic Walking, Beratung beim Ruhestandscoach, Bewerbungsgespräch beim internationalen Senior-Experten-Service – *„Kind, wenn du wüsstest, was die Rente alles für Verpflichtungen und Optionen mit sich bringt.“* Als ich sie dann noch inquisitorisch über Kevins Stubenreinheit und seine Wesensfestigkeit gegenüber Fremden ausquetsche, kapituliert meine Tochter und kündigt an, es doch beim studentischen Babysitter versuchen zu wollen.

Auflösung:

A) Sie haben überwiegend Antwort A angekreuzt? Oje, hier besteht noch Nachbesserungsbedarf in puncto Rententauglichkeit. Mit Wehmut denken Sie tagtäglich an Debitoren, Abweichungsanalysen und Kapitalflussrechnungen zurück. Manchmal, in Ihren Träumen, glauben Sie sich wieder am vertrauten Schreibtisch zu befinden – doch dann reißt Sie das Erwachen jäh aus der Arbeitsplatzidylle und entlässt Sie in die harte Realität des sinnlosen Nichtstuns. Letztens hatten Sie schon fantasiert, ob Sie sich einen baugleichen Schreibtisch wie jene in der Firma anschaffen sollten, um ihren Arbeitsplatz im Hobbykeller nachzubauen. Dann wäre die Umstellung nicht so schwer. Von dort aus könnten Sie dann die das heimische Zielkostenmanagement übernehmen und die Kochkünste Ihrer Frau einer Wertkettenanalyse unterziehen. Leider erstickte die Empörung in den Augen Ihrer Gattin das Projekt im Keim. Jetzt sind Sie auf Ihre Kreativität angewiesen. Unser Tipp: Wagen Sie einen Blick über den Tellerrand!

B) Sie haben überwiegend Antwort B angekreuzt? Gratulation! Wenn Deutschland demnächst den Superrentner sucht, sind Sie ein heißer Kandidat. Seien wir mal ehrlich: Sie haben höchstwahrscheinlich schon zu Berufszeiten vielfältige Interessen verfolgt und konnten Ihren Chef erfolgreich darauf dressieren, dass er Sie im Büro nicht dabei stört. Oder Sie einfach schlafen lässt. Das erhärtet den Verdacht, dass Sie als ehemaliger Beamter mit fetter Pension vielleicht keinen großen Unterschied zwischen dem Arbeitsleben und dem Leben danach verspüren. Prinzipiell können Sie immer noch alles tun, was Ihren Beruf auszeichnete: Zum Beispiel, nichts tun. Korrekt gesagt: dreimal gründlich nachdenken, bevor Sie nichts tun. Denn im Prinzip ist die Pensionierung dasselbe wie der Alltag im Büro: Man hängt rum und wartet auf das Mittagessen. Falls Sie sich aber zutrauen, es im Ruhestand mal etwas forscher angehen zu lassen, dann beleben Sie doch Ihre Umgebung ein wenig. Mit einem Goldfischglas zum Beispiel. Zur Probe vielleicht erst mal mit Gummiente statt Fisch, denn die kleinen Biester können eine Hektik verbreiten ...

Sie sind gar kein Beamter, sondern haben jahrzehntelang hart gearbeitet? Trotzdem schaffen Sie jetzt die schizophrene Meisterleistung, sich im Ruhestand aktiv zu entspannen? Dann haben Sie unseren größten Respekt! Machen Sie weiter so und infizieren Sie andere damit.

Tipps für mehr Spaß im Ruhestand – dringen Sie in Galaxien vor, die nie ein Arbeitnehmer zuvor gesehen hat …

Auch Ihre Ex-Kollegen haben Sie kürzlich mitleidig in die Rente entlassen und Ihnen gewünscht, dass Sie *„nicht in ein tiefes, schwarzes Loch"* fallen mögen? Zeigen Sie den Pappnasen ab jetzt, wie viel Spaß der Ruhestand macht. Hier sind ein paar Inspirationen:

Sind Sie noch Mitglied der gemeinsamen WhatsApp-Gruppe Ihrer ehemaligen Abteilung?

Dann mischen Sie die doch auf, indem Sie an einem Dienstag gegen 10 Uhr 30 schreiben: *„Bombenwetter! Hat jemand Lust, baden zu gehen?"* Kommt keine Reaktion, schieben Sie zwei Minuten später hinterher: *„Entschuldigt Leute. Hatte total vergessen, dass ihr jetzt gerade in den stressigen Messevorbereitungen steckt. Haltet durch!* 😢 *"*

Essen Ihre Ex-Kollegen in der Mittagspause gern beim Italiener nebenan?

Dann gesellen Sie sich doch dazu. Natürlich dürfen Sie den gestressten Seelen dabei die Fotos Ihrer letzten drei Fernreisen nicht vorenthalten. Freizeittipps können Sie jetzt ja auch viele geben. Zum Beispiel dem Choleriker Heinz. Der sollte es einfach mal mit Chakren-Meditation und streng ayurvedischer Küche versuchen. Natürlich immer mit Fokus auf die Elemente Pitta und Kapha. *„Glaub mir, das hat mir letztes Jahr im indischen Meditationscamp eine ganz neue Weltsicht eröffnet! Ups, wie die Zeit fliegt. Ihr müsst wirklich schon wieder ins Büro?"*

Gehen Sie ab jetzt antizyklisch einkaufen!

Nicht um 7.00 Uhr, wenn die Senioren, die unter seniler Bettflucht leiden, in Massen vor dem Discounter rumlungern, bis er endlich seine Tore öffnet. Und bloß nicht zwischen 16 und 18.30 Uhr, wenn die arbeitende Bevölkerung wie ein Heer ausgedörrter Zombies in die Läden marschiert, um sich für Feierabend noch ein Stück Fleisch zu reißen. Nein, etwa um 11.15 Uhr. Da können Sie sich Ihre Lesebrille mitnehmen und in aller Ruhe die Zutatenlisten von 38 Sorten Frühstückscerealien studieren, ohne dass Sie hektisches Volk vom Regal vertreibt. Und weil es so schön war, fahren Sie einfach um 16 Uhr noch mal mit einem Feldstecher bewaffnet auf den Discounterparkplatz und ergötzen sich an den gestressten Gesichtern in der Kassenschlange.

»Und was machen Sie so beruflich?«

War es Ihnen schon immer zuwider, wie sich Angehörige der Berufswelt im Gespräch taxieren, um zu entscheiden, wer wohl den höheren Rang einnimmt? Es ist doch so: Kaum treffen sich zwei Individuen auf einer Messe, einer Fachtagung oder einem Kongress, dann beschnüffeln sie gegenseitig ihre Karrieren wie zwei Hunde ihr Hinterteil. Dann geht das Geprotze los:

> »Was ich beruflich mache? Hach, nun ja, nichts Aufregendes: Ich bin jetzt Senior Executive Managing Director bei Redundant Productions International Inc.« – »Ah, klingt sehr interessant. Ich habe vor Kurzem einem Job als Directing Managing Executive Senior bei der Useless Global Consulting GmbH angenommen!«

Daraufhin folgt ein Dialog über Skalierbarkeit und Prozessbenchmarking, bei dem alle Umstehenden schlagartig vor Langeweile ins Koma fallen.

Solche Stimmungskiller müssen Sie als Rentner nicht mehr ertragen! Falls Sie das nächste Mal auf einer Feier versehentlich zu chic angezogen sind, sodass sich eine Horde Anzugträger um Sie rottet und ihnen wieder einmal die entscheidende Frage stellt *„Und? Was machen Sie so beruflich?“*, dann haben Sie endlich etwas Substanzielles zu erzählen. Zum Beispiel, wie Sie sich zum Ziel gesetzt hätten, Smarties durch Anlecken mit verbundenen Augen farblich ordnen zu können. Oder, wie Sie sich fest vorgenommen hätten, am Tag von Warren Buffets Ableben durch alle Tierhandlungen der Stadt zu pilgern, weil eine buddhistische Weissagung besagt, das „Orakel von Omaha“ würde als Hamster wiedergeboren werden. Mit Hamster Warren würden Sie dann eine Weltreise unternehmen, damit er verzweifelten Hedge-Fonds Managern von Goldman Sachs und Co. gute Investment-Tipps geben könne. Zu abgefahren? Dann empfehlen Sie den Karriere-Schaumschlägern zur Abwechslung mal ein gutes Buch. Schwärmen Sie, wie die über 4.000 Seiten von Marcel Prousts literarischem Glanzstück *„Auf der Suche nach der verlorenen Zeit"* den Leser erst lehren, was Zeitverlust eigentlich bedeutet. Und wie reich der Autor seine Fans für die Investition ihrer Lebenszeit entschädigt: mit Dutzende Seiten umfassenden Beschreibungen von Weißdornhecken und französischem Eiergebäck. Das ist wahre Weltliteratur.

Verkäufer abblocken

Überflüssige Handyverträge, viel zu große Autos und sinnlose Technik-Gadgets – mit diesem Plunder in der Tasche kommt man am Samstagnachmittag nach Hause, wenn man einem ambitionierten Verkäufer zum Opfer gefallen ist. So wie der Ehemann, der eigentlich Tampons für seine Frau kaufen soll und schlussendlich mit einer kleinen Segeljacht für 45.000 Euro nach Hause zurückkehrt. Auf die hysterischen Schreie seiner Frau hin, kann er nur stammeln:

»Aber Schatz, der nette Mann im Laden meinte, Frauen brauchen bei ihren monatlichen Beschwerden vor allem Entspannung. Da schlug er vor, ich sollte zu den Tampons noch eine Angelausrüstung mitnehmen, weil man sich wirklich keine ruhigere Freizeitbeschäftigung vorstellen kann als das Fischen mit Köder und Leine. Quasi ideal für PMS-geplagte Damen. Als ich zustimmte, schlug er vor, doch noch ein kleines Ruderboot mitzunehmen, damit ich meine Ehefrau zum Angeln auf den See hinausrudern könne. Das Schaukeln würde entkrampfend auf menstruationsbedingte Muskelverspannungen wirken. Und schließlich fragte er mich, ob ich nicht gleich die Jacht nehmen will, damit könne ich meine Gattin dann in der Ägäis zwischen den Kykladen herumschippern. Du weißt schon, Martina: Die Sonne lindert typisch-weibliche Stimmungsschwankungen ..!«

Sie glauben, auf so billige Verkaufstricks würden Sie nicht hereinfallen? Kann sein. Doch gerade auf

Kunden Ihrer Altersklasse haben es die windigen Wölfe am Geschäftstresen besonders abgesehen, weil Sie statistisch gesehen wohlhabender sind als Ihre Kinder und Kindeskinder. Darüber hinaus spekulieren die frechen Typen darauf, dass Sie aufgrund einer entschleunigten Gehirnleistung im Alter wahrscheinlich leichter zu überrumpeln sind.

Doch das Gegenteil ist der Fall: Türdrücker und Marktschreier beißen bei Ihnen auf Granit, weil sich aus Ihrem neuen Lebensabschnitt gute Argumente stricken lassen, warum Sie jetzt nicht sinnlos Geld für unnützen Tinnef rausschmeißen sollten. Wenn Ihnen der 15-jährige Vodafone-Verkäufer demnächst das extradünne iPhone andrehen will, das sich zusammenknüllen lässt wie ein Taschentuch, dann behaupten Sie dreist:

»Junger Mann, ich bin jetzt 65 Jahre alt. Habe demnach etwa das Fünffache Ihrer Lebenserfahrung. Die harte Realität ist: Meine Frau hat sich in den vergangenen 40 Jahren allein damit beschäftigt, mein sauer verdientes Geld in sperrige Konsumgüter umzutauschen. Schlussendlich wissen wir jetzt nicht mehr, wohin mit dem Krempel. Der Keller, der Anbau, die zusätzlich angemietete Garage – alles zum Bersten voll. Da passt keine Briefmarke mehr rein. Und schon gar nicht das ultradünne Knüllphone, das Sie hier anpreisen. Sind Sie eigentlich verheiratet? Ja? Dann habe ich einen guten Rat für Sie! Suchen Sie sich bereits jetzt ein preiswertes Flugzeughangar, damit Sie in meinem Alter nicht dieselbe Platznot haben!«

Noch effektiver lassen sich Verkäufer abwimmeln, wenn Sie die Verantwortung auf Ihre Kinder abwälzen. Nehmen wir an, Sie wollen sich im Sanitätshaus nur eins dieser gemütlichen Heizkissen für Ihren verspannten Nacken kaufen aber die beratende Fachkraft wird auf einmal übermütig. Dann sollten Sie wie folgt reagieren:

»Was wollen Sie mir verkaufen, junge Dame? Einen Rollator? Na, hören Sie mal! Ich bin jetzt über 60! Das bedeutet, meine Kinder haben mich quasi entmündigt und ich darf nur noch das kaufen, was sie später mal erben wollen. Also wenn Sie keinen E-Scooter mit GPS-Tracking und 350-Watt-Dauerleistung vorrätig haben, dann kann ich beim besten Willen nichts zu Ihrem Tagesumsatz beitragen.«

Rentner, die kein Problem mit morbidem Humor haben, können beim nächsten plumpen Verkaufsversuch auch einwenden:

> »Ein Pfund Mangold für 1,79 Euro? Sehr interessant, Ihr Angebot. Unglücklicherweise muss ich mich jetzt finanziell beschränken, da ich begonnen habe, für mein eigenes Begräbnis zu sparen. Ich hatte da an einen Grabstein aus italienischem Carrara-Marmor gedacht und an einen Sarg aus geöltem, kaukasischen Zirbelnussbaumholz. Und dann erst das Rahmenprogramm: Helene Fischer soll das »Ave-Maria« singen und die 400 geladenen Gäste bekommen mit Nordsee-Krabbenleber gefüllte Erbsen serviert. Das kostet, können Sie sich vorstellen. Da passt Ihr, mit Verlaub, überteuertes Blattgemüse einfach nicht mehr ins Budget.«

Gebrechen vortäuschen: Sie sind über 60, aber Ihre Gelenke bereiten kaum Schwierigkeiten und hören können Sie auch noch ganz gut? Kein Problem! Denn in Ihrem Alter können Sie sich die altersbedingten Beschwerden einfach nach Belieben ausdenken, falls es förderlich ist. Wie wäre es zum Beispiel mit einer selektiven Schwerhörigkeit, die immer dann akut einsetzt, wenn irgendein Callcenteragent Sie anruft, um Ihnen ein Zeitungsabo zu verkaufen. Wahlweise können Sie dem auch vorlügen, dass Sie längst halb blind sind und daher nur noch an quer durch die Wohnung gespannten Seilen navigieren können.

> »Lesen? Ach, das waren so schöne Zeiten! Ich kann mich ja noch nicht einmal mehr an mein eigenes Spiegelbild erinnern. Aber jetzt, wo Sie schon am Telefon sind ..ich spreche so selten mit jemandem. Haben Sie schon einmal versucht, Doppelkekse in Eierlikör zu tunken? Das schmeckt ganz vorzüglich!«

Ein schlechtes Sehvermögen ist noch hilfreicher, wenn es gilt, die Fesseln des bürokratisch abgezirkelten Alltags zu sprengen: Rauchverbot im Zugabteil? Kein Einwerfen von Altglas nach 18 Uhr? Parkverbot für SUVs vor dem Kindergarten? Gilt alles nicht für Sie! Zumindest nicht solange, bis Sie ein örtlicher Ordnungshüter zur Raison rufen will. Dann kneifen Sie die Augen zusammen und geben den überforderten Senior:

»Was soll da stehen? Tempo 30? Das kann man unmöglich erkennen! Und Sie wollen wer sein? Ein Polizeibeamter? Haben Sie einen Dienstausweis dabei? ..Oje, ich habe meine Gleitsichtbrille zuhause gelassen. Diese Nano-Schrift kann ich nicht lesen. Können Sie den Ausweis etwas von mir weiter weghalten? Ja, das wird besser. Bitte noch einen Schritt zurücktreten ..«

Wenn Sie die Nerven Ihrer Mitmenschen mit erfundenen Gebrechen nur genug strapazieren, dann lassen die schnell von Ihnen ab und lassen Sie tun, was Sie wollen. Die harte psychologische Wahrheit ist: Die junge Generation scheut den Kontakt mit Senioren vor allem deshalb, weil sie nicht in ihren Verdrängungsstrategien gestört werden will. Die Gebrechlichkeit der Älteren erinnert gestresste Mittdreißiger viel zu stark daran, dass sie jüngst an ihrer Schläfe auch schon ein graues Haar entdeckt haben. Panisch müssen sie dann eine „Bucket List" niederkritzeln, auf der alle Dinge verzeichnet sind, die sie vor ihrem Ableben noch erleben wollen. Sie als Rentner brauchen faktisch nur gebeugt durch den Bus schlurfen und hörbar mit den Fingergelenken knacken – prompt werden alle anwesenden Millennials fluchtartig das Fahrzeug verlassen, um sich beim Bungee-Jumping und Wildwasser Rafting zu beweisen, dass sie ihre Jugend auch gründlich ausnutzen. Nutzen Sie diese Macht für sich aus. Belegen Sie die Behindertenparkplätze vor dem Baumarkt, lassen Sie sich im Bus einen Sitzplatz anbieten und die Einkaufstaschen zum Auto tragen. Und wenn jemand Sie nervt, erzählen Sie ihm in epischer Breite von Ihren erfundenen Zipperlein. Von dem Störenfried sehen Sie blitzartig nur noch die Staubwolke, die seine Flucht aufwirbelt, und hören von Weitem ein:

»Ich wollte schon immer mal an einem Eisberg lecken! Auf gehts. Man lebt nur einmal!«

GUTEN MORGEN MÜLLER! SCHÖNEN TAG IM BÜRO!

Tagebuch eines frischgebackenen Rentners

Die Vollbremsung von Beruf auf Ruhestand ist für viele Männer nicht ganz leicht. Gefühle von Sinnlosigkeit, Überflüssigkeit und Resignation sind dabei ganz normale Symptome. Ob der frischgebackene Rentner sie überwinden kann, entscheidet in erster Linie seine Kreativität bei der Hobby-Suche. Wie diese Entwicklung beispielhaft verlaufen kann, zeigt der folgende Auszug aus dem Tagebuch von Harry (62), Bauingenieur in Frührente.

Liebes Tagebuch ...

23. Oktober

Endlich frei! Ich bin im Ruhestand. Ab jetzt habe ich Zeit, all die Dinge zu tun, für die ich neben der Arbeit niemals Zeit gefunden habe!

24. Oktober

Um Punkt sieben Uhr bin ich aufgestanden. Konnte nicht mehr schlafen, weil ich so aufgeregt war, dass ich nun wirklich alles erledigen können soll, zu dem ich sonst nie gekommen bin. Was wäre das also? Mal sehen: Der Gartenzaun muss repariert werden, die Vögel brauchen einen neuen Nistkasten und ich müsste die Auffahrt mal wieder fegen. Ach ja, außerdem will ich mehr Sport machen und einmal die Werke von William Shakespeare im Original lesen. Da habe ich so viel vor mir.

25. Oktober

Wie gesagt: Mein Programm lässt keine Chance für Langeweile und keine Gefahr, dass ich ende wie mein Nachbar. Ein ehemaliger DAX-Unternehmens-Vorstand wohlgemerkt. Mit dem geht es steil bergab, seit er aus der Firma raus ist. Neulich habe ich ihn im Bademantel beim Bäcker getroffen. Trinkt der zu viel Alkohol? Sah irgendwie aus wie eine Mischung aus David Hasselhoff und Martin Semmelrogge. Ich dagegen bin voll motiviert. Habe den Zaun repariert und den Vögeln einen Brutkasten gebaut.

30. Oktober

Habe auf der Website des NABU nachgelesen, dass verschiedene Singvogelarten in deutschen Gärten unterschiedliche Brutkästen bevorzugen. Meisen wollen gerne in 2 Metern Höhe residieren und brauchen ein Einflugloch von 26 Millimeter Durchmesser. Stare und Buntspechte hingegen bevorzugen eine Bruthöhe von 3,5 Metern und ein 45 mm großes Einflugloch gen Südwesten. Das mit den Nistkästen will noch mal genauer überdacht sein – morgen muss ich zum Baumarkt fahren.

31. Oktober

War um 8 Uhr morgens beim Baumarkt. Kam mir irgendwie vor wie bei »Dawn of the Rentners«. Die Gänge vor dem Holzzuschnitt waren voll mit schlurfenden Grauhaarigen in beigen Hosen, die mit den Verkäufern über den saubersten Gehrungsschnitt fachsimpelten. Wie ferngesteuert luden sie ihre Wägen voll mit Kaminholz, Spachtelmasse und Schleifpapier. Dabei starrten ihre leeren Augen in eine ferne Zukunft, in der all dieses Equipment verbaut sein würde und die Langeweile sie wieder zum Baumarkt treiben würde. Also ungefähr morgen.

Ich musste schnell raus aus dieser deprimierenden Szenerie und bin wieder nach Hause gefahren. Habe den Vögeln eine große Futterstation mitten auf den Rasen gestellt.

5. November

Habe länger geschlafen und hatte einen Albtraum vom Holzzuschnitt. Dort standen Rentner in einer langen Schlange an und ließen sich jeweils ein Kreuz aushändigen. Gruselig.

Am Morgen habe ich überprüft, ob die Vögel meine Futter- und Nisthäuser auch annehmen. Dabei fielen mir zwei Meisen auf, die sich an den Sonnenblumenkernen prügelten. Ich habe deshalb beschlossen, zum Baumarkt zu fahren, um noch Holz für eine zweite Futterstation zu kaufen. Kam dann mit mehr Holz zurück, um noch ein Igelhaus zu bauen. Igel nehmen die wohl gern zum Überwintern an, wenn sie keine geeignete Hecke finden.

12. November

Habe noch ein extra Futterhaus mit Hasel- und Walnüssen für die Eichhörnchen in die Tanne gehängt. Nur für den Fall, dass die nicht genug in freier Natur finden. Als ich meiner Frau am Frühstückstisch ausführlich erklärte, dass ich das Loch im Zaun wieder aufmachen werden müsse, weil Igel ein großes Territorium bewohnen würde, seufzte sie und meinte, ich solle mir lieber sozialen Kontakt suchen. Habe deshalb für morgen einen Termin beim Hausarzt gemacht.

13. November

Als Vorwand für den Arztbesuch erzählte ich dem Doktor etwas von Prostata-Problemen. Der entgegnete nur lakonisch, die gesetzlichen Krankenkassen würden da ab 65 keine Therapie mehr bezahlen, weil Rentner ohnehin genug Zeit zum Pinkeln hätten. Zuhause entschied ich dann, einen Gartenteich anzulegen, um auch den bedrohten Molch-Arten ein Biotop anbieten zu können.

20. November

Als ich meiner Frau am Frühstückstisch erläutern will, wie ich im CAD-Programm geplant habe, dass sich die Einflugschneisen der verschiedenen Vogelarten zu ihren Brutkästen in unserem Garten nicht kreuzen, um Kollisionen zu vermeiden, will die nicht zuhören. Stattdessen schlägt sie vor, dass ich mich sportlich in einer Gruppe betätigen soll, um mehr Kontakte zu knüpfen. Ihre neuen Freundinnen hätte sie auch beim Pilates kennengelernt. Bin leicht verwirrt. Dachte früher immer, Pilates wär der Typ, der Jesus ans Kreuz genagelt hat. Machen die da deshalb Übungen an einem Holzturngerät, das aussieht wie eine Streckbank? Trotz Widerwillen gehe ich zum Schnuppertermin fürs Männeryoga 60+. Unser Kursleiter will uns zeigen, wie man den »Müßiggänger beim Sonnengruß« turnt. Ich vertue mich irgendwie mit der

Armhaltung und es kommt der »Bauarbeiter am Zementmischer« dabei heraus. Der Trainer meint, ich hätte mental noch nicht genug Abstand zum Berufsleben und wäre deshalb noch nicht so weit für den Yoga-Kurs.

24. November

Habe noch eine Voliere gebaut, die wir im Frühjahr vielleicht brauchen werden, wenn wir aus dem Nest gefallene Eichhörnchen aufpäppeln wollen. Während ich da so sägte und nagelte, fiel mein Blick auf einen Ameisenhügel. Schau sich nur einer diese fleißigen Geschöpfe an! Jeder macht Sinn und erfüllt seine Aufgabe. Ein Ameisenleben lang. Musste mir hart das Weinen verkneifen.

28. November

Wollte eigentlich noch ein Insektenhotel aufstellen, als ich im Garten einen Zettel gefunden habe: »Lieber Harry! Mit der Gentrifizierung unseres Lebensraumes muss jetzt Schluss sein! Die Yuppies aus den Nachbargärten überrennen uns schon. Deine Garten-Tiere.«

29. November

Habe keine Lust mehr aufzustehen und mich anzuziehen. Um 12 Uhr wanke ich aus dem Bett. Meine Frau ist wohl bei ihrem Folter-Sport. Weil sie vor Wochen meinte, ich solle doch die Einkäufe machen, sind natürlich alle Schränke leer. Kein Wunder, ich war ja nur im Baumarkt. Ich ziehe mir einen Bademantel über und schlurfe zum Bäcker. Da treffe ich meinen DAX-Nachbarn. Der schaut verständnisvoll und bietet mir einen Schluck aus seinem Flachmann an.

Nachmittags treffe ich meine 14-jährige Nichte, die in unserem Wohnzimmer amerikanische Seifenopern schaut. Sie erklärt mir, dass Jenny eigentlich Marc heiraten wollte, dann aber herauskam, dass er der Bruder ihres Onkels ist. Sie lässt die Hochzeit platzen, indem sie vorgibt, von Aliens entführt worden zu sein, brennt aber in Wirklichkeit mit dem Schwager des Neffen von Jennys Nagelpflegerin durch. Na ja, denke ich, ist ja beinahe wie bei Shakespeare.

30. November

Gestern konnte ich nicht schlafen. Kein Wunder, wenn man erst mittags aufsteht. Ich zappe durchs Spätprogramm und sehe, wie Filmfiguren ihre Probleme lösen: Box-Rentner Rocky Balboa braust mit seinem Ferrari durch die Nacht, während er über den Sinn seines Lebens als nutzloser Senior nachdenkt. Ich tue es ihm nach und steige in meinen Opel Vectra. Hier in der westfälischen Provinz ist das Panorama aber irgendwie deprimierender als das filmische Nightlife von L.A. An der Landstraße fällt mir dann plötzlich eine Gruppe Männer ins Auge. Das scheinen türkische Mitbürger zu sein, die am Straßenrand darauf warten, dass sie für Tagelohn-Jobs abgeholt werden. Schlimme Sachen gibts hier in Deutschland.

5. Dezember

Habe mir mit Schuhcreme einen südländischen Teint verpasst und meinen Schnäuzer mit der Wimperntusche meiner Frau geschwärzt. So mache ich mich frühmorgens auf zum Arbeitsstrich. Als ich Mustafa, Mehmet und Ömer herzlich mit »Salam!« begrüßen will, stellt sich heraus, dass keiner von ihnen Türkisch spricht. Viel schlimmer. Jetzt kommt raus, dass sie Uwe, Martin und Rainer heißen und in Wirklichkeit deutsche Rentner mit geschwärzten Bärten sind. Denen Zuhause einfach die Decke auf den Kopf fällt. Wir arbeiten den ganzen Tag zusammen auf einer Baustelle und am Abend falle ich erschöpft aber glücklich ins Bett.

12. Dezember

Endlich habe ich wieder einen Sinn in meinem Leben! Ich werde mit Uwe, Martin und Rainer eine Baufirma gründen. Für den Anfang haben wir uns vorgenommen, die Wochenarbeitszeit auf 40 Stunden zu begrenzen, aber man weiß ja nie, was die Hochsaison fordert. Endlich wieder malochen und etwas voranbringen. Herrn DAX aus der Nachbarschaft haben wir auch mit an Bord geholt. Der rasiert und duscht sich jetzt endlich wieder. Meine Frau hatte mich gefragt, ob ich noch das letzte Laub zusammenrechen kann und die Beete winterfest machen. Aber da muss ich sie enttäuschen. Ein viel beschäftigter Mann wie ich hat für derartige Banalitäten einfach keine Zeit.

SEIT HERR SCHMIDT IN RENTE IST, STEIGT DER LEBENSSTANDARD HIER IM VIERTEL RASANT AN!

Rentnern liegt im Trend: Diese Hobbys begeistern nicht nur Ruheständler

Zugegeben, Harrys Tagebuch-Einträge zeugen von deutlichen Anpassungsschwierigkeiten im Hobby-Bereich. Denn eines ist klar: Wenn die Arbeit wegfällt, brauchen Sie den passenden Ersatz. Um ein erfüllendes Hobby zu finden, versuchen Sie sich zunächst in Entspannung und Kreativität zu trainieren – zugegeben, das sind zwei Tugenden, die im Arbeitsleben nicht gern gesehen waren.

Sie sind einerseits hoch motiviert, im Ruhestand nicht in ein schwarzes Loch zu fallen, aber Sie haben andererseits Aversionen gegen typische Rentner-Hobbys? Vorschläge wie Boule, Bingo und Angeln weisen Sie weit von sich, das Mindestalter für derart schnarchnasige Zeitverschwendungen doch eher um die 90 liegt und Sie bis dahin lieber noch den Puls der Zeit fühlen wollen?

Dann sollten Sie eines der folgenden Hobbys für Hipster-Rentner ausprobieren:

Urban Gardening

Willkommen im Schrebergarten! Keine Angst vor Altersdiskriminierung! Seit die spießige Laube im Zuge der Nachhaltigkeitswelle einen neuen Namen bekommen hat („*Tiny Garden*"), treiben sich hier jetzt Öko-Studenten und Yuppies mit Greta-Trauma herum. Mit denen können Sie wunderbar diskutieren, wie man aus Euro-Paletten sogenannte Tiny-Häuser baut und ein zweites Kartoffelfeld auf seinem Hochhausbalkon anlegt. Von wegen, die jungen Leute wüssten nicht, wo die Fritten herkommen! Die grüne Youngster-Fraktion können Sie rasch beeindrucken, wenn Sie Ihnen zeigen, wie Sie damals 1973 in Opas Scheune sortenreines Gras angebaut haben. Das gute Indica-Zeug wohlgemerkt. Und falls Sie sich eine 200 Quadratmeter Parzelle gepachtet haben, die dringend tief umgegraben werden muss, können Sie selbstverständlich auf die Unterstützung Ihrer jungen Familienmitglieder hoffen. Besonders, wenn Sie einen dieser technikverseuchten Enkel haben, der sein Apple iPhone tagsüber so selbstverständlich am Kopf trägt wie seinen Augapfel. Klauen Sie dem Kind im Schlaf sein Smartphone und erzählen Sie ihm am nächsten Morgen, Sie hätten es im Gemüseacker vergraben. Daraufhin wird der Junge den Mutterboden durchwühlen wie ein ADHS-kranker Maulwurf. Sie können derweil gemütlich in der Laube sitzen und auf dem gestohlenen

Handy Candy Crush spielen.

Prepping

Dieses lustige Hobby kommt aus den USA und ist eine Mischung aus Campen, Heimwerken und Schwarzmalerei. Vorbereitet wird hier ein Untergangsszenario, dass eine Zombieapokalypse, eine Alien-Invasion oder der Dritte Weltkrieg in absehbarer Zeit erzeugen werden. Der gute Prepper präpariert sich mit einem komfortablen Bunker und geschickten Hamsterkäufen von Dosenbohnen und Toilettenpapier. Im Vorfeld werden auch Manöver geprobt, die für den Ernstfall wichtig sein könnten, z. B. das Kochen auf entzündeten Kuhfladen oder das Reinigen von Trinkwasser mit Kaffeefiltern. Auch alte Techniken, die Ihr Vater damals noch in Russland gelernt hat, können Sie wieder anbringen. Zum Beispiel, wie man Angelköder bastelt oder Kaninchen mit nichts als einer Drahtschlinge fängt. Diese Fertigkeiten garantieren proteinreiche Nahrungsquellen in Krisenzeiten – es sei denn, Forellen und Karnickel würden durch den radioaktiven Fallout zu rotäugigen Riesen-Prädatoren mutieren, die eher Sie als proteinreiche Nahrungsquelle ansehen. In dem Fall halten Sie sich an den Kartoffelanbau auf dem Hochhausbalkon (s.o.).

Crafting

Sie lieben es, zu stricken, zu nähen und zu häkeln, aber tun es nur heimlich im Dunkeln, weil Sie nicht wollen, dass das Oma-Image der Handarbeit an Ihnen klebt? Dieses Dilemma löst man bei unbeliebten Hobbys heutzutage genauso wie bei Marken mit PR-Problem: Man benennt sie einfach um. Das Arbeitsamt heißt jetzt Job-Agentur, Hakle Feucht Klopapier nennt sich jetzt *Cotonelle* und Handarbeit heißt jetzt ... Trommelwirbel ... Crafting.

Kaum ist ein anderes Etikett drauf, fällt der Makel der Frauenfeindlichkeit vom Handarbeiten ab und die 20-jährigen Social-Media-Ikonen reißen sich darum, Babyschuhe zu häkeln oder Mützen zu stricken. Das ist jetzt nachhaltig und totaaal individuell. Um ganz auf der modernen Welle zu reiten, können Sie also wie gehabt ihrer Lust auf Wolle frönen. Sie müssen Ihren Werken lediglich einen eigenen Instagram-Account zulegen und sollten sich nicht dagegen wehren, sie für Mondpreise an irgendwelche Hipster aus der Hauptstadt zu verkaufen.

FEUERWEHRMANN IM RUHESTAND

INTERNIST IM RUHESTAND

Magic Cleaning

Hier handelt es sich um nichts anderes als Aufräumen. Um diese verhasste Tätigkeit allerdings Männern und Millennials schmackhaft zu machen, braucht es eine Netflix-Serie, in der eine zwangsgestörte Japanerin erklärt, auf welche Weise man sich von Überflüssigem trennt. Auch für Sie als Rentner kann das ungemein nützlich sein – leben Sie doch mit hoher Wahrscheinlichkeit in einem Haus, das dank der Fehlkäufe von Jahrzehnten aus allen Nähten platzt. Das Prinzip vom Magic Cleaning ist ganz einfach: Sie nehmen den betreffenden Gegenstand in die Hände und erspüren sensibel, welche Gefühlsregungen er in Ihnen auslöst: Kribbelt die Freude in Ihnen, wie die Kohlensäurebläschen in Rotkäppchen-Sekt? Dann ist der Gegenstand wertvoll für Sie und Sie sollten ihn unbedingt behalten! Empfinden Sie stattdessen irgendeine Art von Leere oder gar eine negative Regung, dann nichts wie weg mit dem emotionalen Störenfried in den Hausmüll. Mit ihrem Bauchgefühl als Wünschelrute räumen Sie jetzt Ihr gesamtes Anwesen in eine verregneten Samstagnachmittag auf:

- *Wohliges Kribbeln – darf bleiben* (Trikot der Lieblingsmannschaft)

- *Ekel, pfui – weg damit* (Rechnungen und Mahnungen, ungeöffnet)

- *Angst, kreisch – ab in den Müll* (Anspruchsvolle Weltliteratur, hat Ihre Frau für Sie gekauft)

Magic Cleaning ist nicht zu verwechseln mit Clean Eating, lässt sich aber trotzdem auch innerhalb einer Ernährungsumstellung sehr gut nutzen:

- Gelbe Smarties (*hmm, lecker, mampf!*)

- grüne Smarties (*ihhh, die erinnern mich an Rosenkohl, ab in den Kompost!*)

Wabi Sabi Fotografie

Das ist die Lösung, für alle Menschen, die sich mit Aufräumen nicht anfreunden können. Wabi Sabi bezeichnet ein japanisches Ästhetik-Konzept und kommt von *wabi* (alt) und *sabi* (elend). Alles, was diese Eigenschaften aufweist, machen Wabi-Sabi-Fotografen zum Motiv ihrer kunstvollen Bilder. Das kann das verrostete Moped in Ihrer Garage sein („*Wollte ich mal restaurieren*") oder die mumifizierte Maus auf dem Dachboden („*Mach ich noch weg, mein Schatz!*"). Der Clou: Keines dieser Projekte müssen Sie jetzt noch umsetzen – es genügt, eindrucksvolle Digitalbilder vom fortschreitenden Verfall zu schießen. *(„Herbert, mach gefälligst den Abwasch. Das Geschirr schimmelt schon" – „Das ist KUNST, Regina!")* Tatsächlich gibt es im Internet Gruppen, in denen Sie Ihre Werke ausstellen und sich für besonders makabre Kreationen beklatschen lassen können.

War etwas für Sie dabei? Wenn nicht, dann entwickeln Sie einfach Ihr eigenes Hipster-Hobby. Dafür brauchen Sie lediglich eine rentnertypische Freizeitbeschäftigung und verpassen ihnen einen anglisierenden Neo-Namen. Der Stammtisch wird auf diese Weise zum „Social Beering", das Kreuzworträtsel zum „Mental Strengthing" erhoben. Noch ein paar Inspirationen gefällig?

Doc-Hopping

Bereits ein beliebter Sport bei vielen Rentnern. Der Grund: Männer, die sich jahrzehntelang noch mit Hexenschuss und Lungenentzündung zur Arbeit geschleppt haben, entdecken jetzt die entspannenden Freuden unseres Gesundheitssystems. Man hat Gesellschaft von Akademikern (Ärzten) und kann mit ihnen unterhaltsame Ratespiele veranstalten. Zum Beispiel: Welche Krankheit bin ich? Durch Wikipedia geschult, überprüfen Sie, ob der Herr Doktor die Differenzialdiagnose auch korrekt durchführt.

> **»Sie meinen, dass sei eine simple Magenverstimmung? Aber Herr Doktor! Ich habe gelesen, auch Ebola beginnt mit Durchfall!«**

Damit frischen Sie die Studienkenntnisse des Mediziners wieder auf und stellen sicher, dass er auch die exotischen Krankheiten wieder auf dem Plan hat.

Extreme Geronting

Dieses Hobby ist durch eine seriöse wissenschaftliche Studie inspiriert. Da haben Wissenschaftler nämlich herausgefunden, dass Greise wieder besser hören, schärfer sehen und beginnen, wie junge Rehe herum zu hüpfen, wenn man ihr Wohnumfeld an die Zeitperiode ihres 20. Lebensjahrs anpasst. Das stimmt wirklich. Für Sie bedeutet das: Zurück in die wilden Siebziger! Mit Kugelschalensesseln, Transistorradios und erdbeerförmigen Bowle-Kübeln. Ihre Wände dekorieren Sie mit hypnotischen Kringeltapeten in braun-orange und selbst hüllen Sie sich in Schlaghosen und Karo-Pullunder.

Werden Sie zum Trendsetter!

Sie sehen: Ob es Ihr Hobby bereits als solches gibt oder ob es beim Rest der Welt eher verpönt ist, wird mit dem richtigen Marketing irrelevant. Erfinden Sie einen hippen Namen dafür und schreiben Sie ein paar Influencer an, ob sie diesen „letzten Schrei aus der New Yorker Underground-Szene“ eigentlich schon kennen. Nur wenige Wochen später werden Abertausende Instagrammer Spitzendeckchen klöppeln, Dackel frisieren oder was Sie ihnen auch immer vorgesetzt haben.

VERTRAU MIR, ERIKA. ICH VERSTEHE VIEL VON MITARBEITERMOTIVATION!

Am Ende der Rente ..ist einfach zu viel Monat übrig

Hand aufs Herz – dieses Thema entbehrt eigentlich jeder Komik. Die deutsche Durchschnittsrente liegt irgendwo um die 1.200 Euro. Viele Frauen und Einwohner der östlichen Bundesländer müssen sogar mit deutlich weniger auskommen. Der folgende Witz charakterisiert das Schicksal deutscher Rentner nur allzu gut:

»Was macht ein italienischer Rentner?«

- »Er schaut Fußball auf seiner Terrasse und isst dabei die hausgemachten Spaghetti seiner 85-jährigen Mamma.«

»Was macht ein französischer Rentner?«

- »Er sitzt im Café an der Seine, raucht filterlose Gauloises und genießt ein Glas Rotwein.«

»Was macht ein britischer Rentner?«

- »Er sitzt mit seinen Kumpels im Pub, trinkt Bier und spielt Darts.«

»Was macht ein deutscher Rentner?«

- »Er nimmt seine Herztropfen und geht zur Arbeit.«

Nicht witzig. Weil es eben so wahr ist. Zu allem Überfluss berichtet die deutsche Medienlandschaft euphemistisch von den „aktiven, modernen Rentnern“, die lieber weiter arbeiten, anstatt die Füße hochzulegen. Schon mal jemanden gesehen, der die Füße hochlegt, während ein Haufen Inkassobriefe ins Haus flattern? Offensichtlich erwächst die neue Arbeitsmoral der Ruheständler mehr aus dem

Notstand in Ihrem Portemonnaie denn aus Motiven der Sinnfindung. Einziger Lichtblick: Wenn Sie das Regeleintrittsalter der gesetzlichen Rente erreicht haben, dürfen Sie so viel zur Rente dazuverdienen, wie sie nur wollen, ohne dass Ihnen die Bezüge gekürzt werden. Theoretisch können Sie also im Ruhestand noch einen multinationalen Milliardenkonzern gründen, ohne auf die Handvoll Euro von Frau Merkel verzichten zu müssen. Das ist doch schon mal was. Jetzt fehlt Ihnen nur noch die passende Geschäftsidee.

Vielleicht so eine, wie sie den Eltern von Gitti aus Stuttgart im Ruhestand kam. Gittis Eltern lebten im bayerischen Memmingen und bekamen ihr pflichtvergessenes Kind eigentlich nie zu Gesicht, seit es in der württembergischen Hauptstadt „irgendwas mit Medien“ arbeitete. Die Tochter machte Karriere und Mama und Papa gingen irgendwann in Rente. Plötzlich ereilte die Senioren eine frohe Kunde: Frau Tochter wolle am Wochenende bei ihren Eltern vorbeischauen, um mit Ihnen auf den neuen Lebensabschnitt anzustoßen. Und außerdem ... ach ja ... hätte sie zur Adresse der lieben Eltern ein paar Pakete für sich bestellt, die sie dann mitnehmen wolle. Sie sei ja schließlich viel beschäftigt, nie zuhause und habe keine Zeit immer aufs Postamt zu rennen.

Gesagt, getan: Im Laufe der Woche türmten sich die Lieferungen von Zalando, Amazon und Co. in der 3-Zimmerwohnung der Neu-Rentner, die ihre Tochter dann bei ihrem Besuch am Wochenende strahlend in Empfang nahm. Und zwar, noch bevor sie eilig ein Glas Sekt mit den Eltern hinabstürzte, um „den neuen Lebensabschnitt zu feiern“. So schnell wie ihre Eltern „hicks“ sagen konnten, verabschiedete sich Gitti bereits übereilt, um mit ihrer Clique ein Ski-Wochenende in Garmisch-Partenkirchen zu verbringen. Gittis Eltern blickten sich verdutzt in die Augen und fragten sich nach dem Sinn dieses Nano-Besuchs. Doch den sollten Sie bald erkennen.

Ungefragt hatte Gitti den beiden einen neuen Rhythmus für den Ruhestand aufgedrückt. Montag bis Freitag hieß es: Von Gitti bestellte Pakete für Gitti annehmen.

»Ihr seid doch jetzt immer Zuhause, Mama. Da bietet sich das doch an!«

Samstags empfingen die Rentner dann ihre Tochter, die ihren Krempel anprobierte, die guten Sachen in ihr Auto lud, die Nieten zurückließ und zum Skifahren davonsauste. Natürlich nicht ohne die Bitte:

> **»Ähh, Papa, könntest du meine Retouren einpacken und zurück zur Post bringen? Du bist doch jetzt Rentner und hast Zeit für so was!**

Beinahe wäre Gitti damit durchgekommen. Wenn nicht nach einiger Zeit vereinzelte Nachbarn bei den Eltern geklingelt hätten, mit der Bitte, doch einmal ein Paket für sie anzunehmen. Immerhin seien Sie ja Rentner, häufig zuhause und hätten ja Zeit ... Hier musste Gittis Vater durchgreifen. Ab sofort berechnete er eine Bearbeitungsgebühr von 2 Euro pro Paket und Werktag Lagerung. Im Keller funktionierte er die alten Regale in sein persönliches Postbüro um und bot den berufstätigen Bestellern auch einen Retourenservice an. Für läppische 5 Euro pro Lieferung. Trotz all den modernen Angeboten von Paketbox bis Echtzeit-Tracking-App wurde das private Postbüro von Gittis Eltern so gut angenommen, dass im Verlauf des Monats ein hübsches Taschengeld zusammenkam. Und auch Gitti musste schließlich zahlen, damit sie nicht die Preise für die Nachbarschaft kaputtmacht. Und weil sie es sich schließlich auch leisten könne – gemessen an all dem Plunder, den sie wöchentlich bestellt.

Ein kleines Taschengeld ist schön und gut, aber Sie brauchen erheblich mehr Umsatz, um Ihren Lebensstandard im Ruhestand zu halten? Dann werfen Sie einen Blick auf die folgenden drei Vorschläge für einträgliche Nebenjobs. Sie erfordern keine Spezialkenntnisse, aber machen dafür Spaß und eröffnen den Zugang zu horrenden Honoraren:

Personal Coach – der Quacksalber des 21. Jahrhunderts

Der Coach ist der Klassiker unter den leichten und verantwortungslosen Tätigkeiten, denn einfach jeder darf in Deutschland diesen Titel führen. Obgleich prominente Persönlichkeits- und Business-Coaches absurde Honorare in fünfstelliger Höhe verlangen, verlangt ihr Berufsbild in Deutschland keinerlei Standard-Ausbildung und null spezielle Kenntnisse. Praktisch jeder kann im selben Moment Geld für seine Leistung als Coach verlangen, in dem es ihm gerade eingefallen ist.

Statt mit Fachkenntnissen punkten Sie in diesem windigen Metier mit anderen Qualitäten: einer autoritären Ausstrahlung, einer tiefen Stirnfalte, die sie zwischen buschigen Augenbrauen bedrohlich kontrahieren können oder einer Guru-Aura, für die Sie ihr schlohweißes Haar am besten lang wachsen lassen und zu einem Dutt drehen. An dieser Stelle wird schon deutlich, was Sie als Ruheständler den jungen und durchtrainierten Grinsekatzen unter den Online-Coaches voraushaben: ein unübersehbarer Erfahrungsvorsprung. Das Alter ist hier Alleinstellungsmerkmal und rechtfertigt maximale Stundensätze. Wenn Sie erst kürzlich in Rente gegangen sind, sollten Sie sich optimalerweise noch 10 Jahre älter schummeln. Danach schmücken Sie Ihren Lebenslauf – insbesondere in den früheren Jahren, die Ihre jungen Klienten kaum überprüfen können – mit ansehnlichen Anekdoten: Vielleicht waren Sie Personal Trainer von Papst Johannes Paul II. oder Mentalcoach von Fidel Castro. Das waren noch Zeiten, als Sie Helmut Kohl die Idee zur Wiedervereinigung gaben, als Sie ihm zeigten, welch friedliche Koexistenz zwei Schokoriegel in einer Packung Raider (heißt jetzt Twix) führen.

Je toter das Internet zu dem Zeitpunkt ihrer märchenhaften Referenzen noch war, desto besser. Schließlich recherchiert heute niemand mehr in Mikrofilm-Archiven, um Fakten nachzuprüfen. Auch die armen mindestlohngeprügelten Journalisten der Regionalzeitung nicht. Stilisieren Sie sich schamlos zur Coaching-Ikone der 1980er und stürzen Sie sich auf Klienten, die zu jung sind, als dass Sie Ihre fabulierten Glanzleistungen live miterleben hätten können.

Doch wie coachen Sie nun diese hippen, trendigen und sehr finanzkräftigen Youngster, die auf der mittleren Führungsebene eines kreativen Start-up-Unternehmens die Orientierung verloren haben? Ganz old school: mit gesundem Menschenverstand. Der ist den Generationen Y und Z im digitalen Dschungel nämlich irgendwie abhandengekommen. Machiavelli und Kant sollten Sie allerdings in der Schublade lassen – solch monumentale Geistesgrößen würden den geistigen Horizont der jungen Leute hoffnungslos übersteigen. Bei dem planlosen Haufen, äh, den flachen Hierarchien von heute genügen bereits Coaching-Ansätze, die Sie bei Ihren Kindern in der Grundschule praktiziert haben:

Regel Nummer 1: Der Lehrer, pardon, Firmenchef darf nicht mehr mit „Du, Kevin-Jerome" angesprochen werden, sondern besteht ab sofort auf das respekteinflößende „Sie, Herr Kevin-Jerome".

Regel Nummer 2: Die Mitarbeiter verabschieden sich vom modernen Team-Work-Ansatz, in dem alle ständig nichts tun und sich in Meetings darüber streiten, welches Nichtstun denn das Richtige ist – ohne Aggressionen, aber mit reichlich „Love & Respect", versteht sich. Stattdessen wird in der Firma ab jetzt Stillarbeit angeordnet und die Mitarbeiter sammeln Fleißsternchen, die Herr Kevin-Jerome für alle sichtbar an die Tafel, äh, das Whiteboard malt.

Autoritäre Grundschulpädagogik der 1980er? Von wegen! Sie verkaufen Ihren Ansatz den Jungunternehmern als „New Classic" und behaupten frech, es handele sich hier um den neuesten Schrei aus Silicon Valley. Sämtliche Milliardenkonzerne mit A***, F*** und G*** hätten ihren Betrieb bereits darauf umgestellt. Im Geheimen natürlich, um einen Wettbewerbsvorteil gegenüber den Saftläden zu haben, die noch unbeirrbar auf Office-Yoga und Gratisobst setzen.

Falls Sie einen ganz und gar rebellischen Brocken vor sich sitzen haben, der Ihnen das nicht so richtig abkaufen will, nutzen Sie Ihre Geheimwaffe: Die buschigen Augenbrauen dramatisch zusammenziehen, den Klienten fixieren und schwer seufzen, wie es nur Menschen mit über 60 Jahre alten Lungen können. Dann, in bedeutungsschwangerem Tonfall brummen:

> **»Was Ihren Erfolg behindert, junger Mann ..[jetzt eine Pause von etwa 5 Sekunden einlegen, die die durchschnittliche Aufmerksamkeitsspanne eines 25-Jährigen hart an die Grenzen bringt] ..ist, dass Sie sich im Innern selbst nicht wirklich annehmen." Bäm! Ein Treffer ins Schwarze. Damit liegen Sie bei den durch Facebook und Instagram erschütterten armen Seelen immer richtig. Was soll man noch hinzufügen? Ach ja: 190 Euro Stundenhonorar plus Mehrwertsteuer.**

Makler – Gold aus Stroh (im Kopf)

Wer nichts wird, wird Wirt … und wer als Wirt nichts wird, wird Makler! Diese Regel gilt zumindest in Zeiten, in denen die Immobilienblase expandiert wie eine Supernova. Nie war Wohnraum so teuer wie heute und nie war es so einfach, allein mit der Geschäftsvermittlung ein Vermögen auf Provisionsbasis zu machen. Aktuelle Zahlen verraten, dass deutsche Immobilienmakler jährlich einen Umsatz von insgesamt 8,5 Milliarden Euro machen. Kein Wunder, bei diesen Mondpreisen: In München kostet ein Quadratmeter Wohnraum beinahe 7.000 Euro. Für eine durchschnittliche Wohnung muss der Käufer in der Hauptstadt Bayerns rund acht durchschnittliche Jahresgehälter hinblättern. Bei einer Maklerprovision von 3 bis 7 Prozent können Sie sich selbst ausrechnen, welch horrendes Honorar bei jedem Deal für den Vermittler rüberkommt. Eine Goldgrube.

Welche Kenntnisse und Leistungen muss ein Makler dafür besitzen und erbringen? Gelinde gesagt, eher wenige. Denn, wie schon der Coach, ist auch der Immobilienmakler in Deutschland kein geschützter Beruf. Hierzulande schreibt kein Gesetz vor, welchen Bildungsabschluss ein Makler haben muss (z. B. einen Master in „Neppen, Schleppen, Bauernfangen“) und regelt auch nicht, was jemand, der Millionenvillen verhökert, eigentlich über seine Ware wissen muss („*Ein Haus ist das Ding mit dem Dach oben drauf*“). Erschreckenderweise kann also jeder Mensch Makler werden, der gerade Lust darauf hat oder der Langeweile verspürt.

Moment – doch nicht jeder! Die Hürde für die Maklertätigkeit ist nämlich die Gewerbeerlaubnis, die Sie bei den örtlichen Behörden bekommen. Die freundlichen Verwaltungsmitarbeiter stellen Ihnen gern eine aus – es sei denn, Sie haben sich in der Vergangenheit durch Diebstahl, Geldwäsche, Erpressung, Betrug, Hehlerei oder Urkundenfälschung unbeliebt gemacht. Das bedeutet: Wenn man Sie dabei *erwischt* und *verurteilt* hat. Sollten Sie eine persilweiße Weste haben, wovon wir hier mal ausgehen, oder Ihre zweifelhaften Machenschaften meisterhaft vertuschen konnten, dann steht Ihrer Ruhestandskarriere als Makler nichts mehr im Weg.

Der Vorteil: Ihre Investitionskosten fallen erst mal gering aus. Damit sich das Luxus-Klientel bei Ihnen wohlfühlt, sollten Sie für Besichtigungstermine lediglich stundenweise einen Mercedes S-Klasse bei Sixt mieten und sich auch passend dazu kleiden. Kleiner Tipp: Auch Designermode kann man im Internet auf Rechnung bestellen, schonend tragen und wieder retournieren. Alle

Frauen zwischen 18 und 40, die Sie kennen, erklären Ihnen sicher bereitwillig, wie das funktioniert.

In der richtigen textilen Ausstattung ist die Besichtigung einer Luxusimmobilie dann ein Kinderspiel. Bevorzugen Sie neureiche Kunden aus Dienstleistung- und IT-Branche, denn die verstehen nichts von echter, physischer Materie, wie sie die Bausubstanz eines Hauses nun mal ist. Ihre Idealkunden sind junge Paare, die erst vor Kurzem an ein Top-Gehalt gekommen sind und sich jetzt gesellschaftliches Prestige kaufen wollen. Dabei wird es für den jungen Mann nur darauf ankommen, wie stark er mit seiner neuen Immobilie schwierige, reiche Geschäftspartner beeindrucken kann. Kaufargumente liefern Sie dem jungen Schnösel, indem Sie ihn einfach an die Wand reden. Faseln Sie verschnörkelt über Haus, Grundstück und Interieur, ohne ihn mit störenden Fragen zu Wort kommen zu lassen. Der Inhalt Ihres Loblieds auf das Kaufobjekt ist weitgehend irrelevant – achten Sie lediglich auf die häufige Verwendung folgender Adjektive:

exklusiv, luxuriös, kostspielig, hochqualitativ, einmalig, außergewöhnlich, üppig, pompös, prunkvoll, nobel, edel, aufwendig, exquisit, erhaben, wertvoll, erlesen, energieeffizient, aristokratisch, akkurat, antik, feudal, großzügig, komfortabel, prachtvoll, erlesen, ausgesucht, anspruchsvoll, erstklassig, spektakulär, elegant, vornehm, kultiviert, mondän, stilvoll und geschmackvoll.

Zwischendurch streuen Sie Worthülsen ein wie:

Atmosphäre, Investition, Liebhaberobjekt, Ambiente, Flair, einmalige Chance und selbstreinigende Dunstabzugshaube mit Pyrolyse-Effekt.

Wichtig sind auch Euphemismen. Da wird die Schnellstraße, die quasi durch den Garten führt, in eine „verkehrsgünstige Lage“ umdeklariert, während das Penthouse im 20. Stock ohne Fahrstuhl das „ideale Objekt für sportliche Singles“ abgibt.

Haben Sie keine Lust, viele Worte zu machen? Dann fahren Sie ganz auf der emotionalen Schiene und halten Sie sich lieber an die Ehefrau. In der einfachsten Situation ist das Interessenten-Paar noch kinderlos aber sucht ein Heim für die Familie, die bald wachsen soll. Ob das auf Ihre Kunden zutrifft, erfahren Sie durch einen einfachen Test: Tauschen Sie gleich zu Beginn des Termins Visitenkarten aus und halten Sie der jungen Frau dabei ostentativ ihr (geborgtes) Luxusportemonnaie unter die Nase, in dem ein (gegoogeltes) Foto Ihrer „süßen Enkel" steckt. Verfällt die Dame beim Anblick der pausbäckigen Kleinlinge in impulsives Quietschen, sind Sie auf dem richtigen Dampfer. Jetzt brauchen Sie der zukünftigen Mutter das betreffende Haus nur noch durch Kinderaugen zeigen, indem Sie gedanklich Schaukeln in den Garten stellen, Kinderbettchen positionieren und darüber frohlocken, wie Wohnzimmer und offene Küche das Herz des trauten Heims bilden werden, inklusive dem Plätzchenduft und den vorm Kamin spielenden Kindern ... *träumschmalz*.

Als Ruheständler haben Sie die Realität einer jungen Familie glücklicherweise hinter sich und wissen, wie die Dinge wirklich laufen werden.

Nämlich etwa so, dass der vom Babygeschrei übermüdete Vater wie in Trance durch das Wohnzimmer wankt, wobei er in die Legosteine des Kleinkindes tritt, sein Gleichgewicht verliert und in den offenen Kamin fällt, wo er sofort Feuer fängt. Mutter springt mit Handtüchern bewaffnet aus der offenen Küche zur Hilfe herbei und versucht die Flammen auf Papas Kopf zu ersticken. Währenddessen kokelt die Bratpfanne mit den Fischstäbchen für die kleinen Leckermäuler auf dem Herd vor sich hin. Dank der großzügigen Architektur, die ganz auf Wände zwischen Kochen und Wohnen verzichtet, bekommt man den Brandgeruch von Fischstäbchen und Papas Haaren dann auch wochenlang nicht mehr aus den Polstern – wie war das noch mit der Atmosphäre, in der man Geschäftspartner beeindrucken will?

Doch die harte Wahrheit verschweigen Sie als Makler Frau Neureich natürlich, sondern malen der hormongesteuerten Blondine lieber die Illusion des süßen Lebens an die Wand der neuen Villa. So süß, dass Sie Ihren Diabetes im Blick behalten müssen. Doch Verkäufer und Ehemänner wissen gleichermaßen, dass die goldene Regel lautet: „*Happy wife, happy life*". Sobald Sie Brennspiritus in die lodernde Fantasie der potenziellen Immobilienkäuferin gegossen haben, können Sie sich deshalb entspannt zurücklehnen. Die junge Dame wird ihren Ehemann mit betteln, heulen und ignorieren so effektiv bearbeiten, dass die beiden mir nichts dir nichts in ihren Familien-Albtraum schlittern und Sie beruhigt Ihre 5 Prozent von 795.000 Euro einstreichen können. Hatten Sie Ihr Arbeitsleben lang geglaubt, dass Geldverdienen schwer sein muss? Dann belehren Sie sich im Ruhestand doch eines Besseren!

Jäger des verlorenen Schatzes

Sie wünschen sich im Ruhestand ein Hobby, bei dem Sie an der frischen Luft unterwegs sind und dabei ihre Rente noch um ein paar Euro verbessern können? Am besten mit den drei Elementen, die Männerherzen höherschlagen lassen: 1. archaischer Jagdinstinkt, 2. monotones Durchhaltevermögen, 3. unverhoffte Überraschungen. Sie glauben, wir wollen Sie jetzt zum Angeln schicken? Ganz falsch: Gehen Sie lieber „sondeln“! Gemeint ist die freizeitliche Schatzsuche mit einem Metalldetektor über Äcker, Felder und Wälder.

Rund 10.000 Abenteurer gehen hierzulande diesem aufregenden Hobby nach und machen dabei ab und an spektakuläre Funde: Die berühmte Himmelsscheibe von Nebra wurde im Jahre 1999 von Hobby-Sondengängern entdeckt, genauso wie ein Schatz mit 9.000 römischen Silbermünzen im Jahre 2017 in Baden-Württemberg. Experten schätzen heute, dass noch 3.200 Tonnen Gold in Deutschlands Böden schlummern – wenn Sie in einen guten Metalldetektor investieren, sollten die Chancen eines Schatzfundes damit wesentlich besser stehen, als jene, endlich einmal im Lotto zu gewinnen.

Natürlich spüren Sondengänger, die im Geiste von Indiana Jones durch die deutsche Wildnis streifen, etliche Kronkorken, Getränkedosen und rostige Werkzeuge auf, bevor es wirklich interessant wird. Doch gerade diese Requisiten sollten Sie nicht am Wegesrand liegenlassen, weil sie zu Ihrer Tarnung beitragen. Überrascht Sie mitten im Wald eine Person mit amtlichen Befugnissen, die fragt, was zum Teufel Sie hier treiben, halten Sie eine volle Tasche mit Kronkorken hoch und stammeln etwas von

»Müllsammeln, Recycling, Klimawandel und Greta Thunberg“,

damit der Ordnungshüter beruhigt von Ihnen ablässt. Denn wir befinden uns nicht im Wilden Westen, sondern auf deutschem Boden. Da ist die Schatzsuche leider nur halblegal und vorwiegend untersagt.

Will sagen: Falls Sie etwas von Wert finden, sind Sie laut Gesetz dazu verpflichtet, es sofort zu melden und den Schatz ungefragt an das jeweilige Bundesland abzutreten. Als ob es nicht schon ungerecht genug wäre, dass Sie Ihre Rente versteuern müssen. Netter geht es für Schatzsucher nur im konservativen Bayern zu: Dort regelt noch die „hadrianische Teilung“ aus dem Römischen Reich, wer einen Schatz behalten darf. Und zwar der Grundstücksbesitzer und der Finder jeweils fifty-fifty. Sollten Sie also mit ihrem High-End-Metalldetektor losziehen und am Rhein den goldenen Nibelungenschatz aufspüren, dann laden Sie ihn besser ins Auto und stellen die Fundszene auf einer bayerischen Kuhweide ein zweites Mal für die Öffentlichkeit nach. Auf diese Weise dürfen Sie und Bauer Gustl sich beide über eine stattliche Ergänzung zur staatlichen Rente freuen.

Falls Sie gar nicht teilen wollen, bleibt Ihnen nur der Weg zum örtlichen Kunsthehler. Auch diese Berufsgruppe findet man heutzutage im Internet, genauer gesagt im sogenannten „Darknet“. Dieses düstere Hinterzimmer des Internets fungiert wie ein Kleinanzeigenportal für Menschenhandel, Drogen, Auftragsmord und Preziosen, die man, statt sie ehrenhaft seinem Mutterland zu überlassen, lieber einem russischen Oligarchen für dessen Wohnzimmervitrine verkaufen will.

Wie man ins Darknet kommt, erfahren Sie in einer simplen Schritt-für-Schritt-Anleitung, wenn Sie Google fragen. Oder wahlweise Ihren 14-jährigen Nachbarsjungen, der vor Klassenarbeiten dort immer Ritalin fürs Hirndoping bestellt. Vielleicht hilft der Bengel Ihnen gegen eine kleine Provision sogar, einen Käufer für Ihren Nibelungenschatz aufzutreiben.

Zurück bleiben dann nur ein paar jammernde Archäologie-Professoren, die beklagen, wie viele Schätze aus Raubgrabungen dem kulturinteressierten Publikum für immer verborgen bleiben. Macht aber nichts, denn wenn die Elfenbeinturm-Akademiker endlich in Rente gehen, wird ihr überflüssiges Fach über kurz oder lang ohnehin dem Rationalisierungswahn im Bildungswesen zum Opfer fallen. Außerdem wird es zu diesem Zeitpunkt auch gar kein kulturinteressiertes Publikum mehr geben, sondern nur noch Social-Media-Junkies, die Videospiele zocken.

Also tun Sie etwas Gutes und machen Sie Ihren Nibelungenschatz zu harten Euros, die Sie noch Ihrem Enkel vererben können. Damit steht dessen Karriere als professioneller Candy Crush Spieler dann nichts mehr im Wege.

Spartipps für Rentner:

Statt Geld hinzuzuverdienen können Sie Ihren Kontostand natürlich auch verbessern, indem Sie den Gürtel etwas enger schnallen. Dabei helfen folgende Grundregeln:

A. Regionale Produkte kaufen.

Ist Ihnen das schon mal aufgefallen? Teure Markenprodukte beeindrucken mit exaltierten ausländischen Namen, die kein Mensch aussprechen kann, während heimische Grundprodukte schnell bezeichnet und bezahlt sind. Das beginnt beim Essen: Vermeiden Sie Entenleberparfait-Terrine und Chiasamen-Guaven-Pithahaya-Smoothies und laden Sie stattdessen einsilbige Lebensmittel in Ihren Einkaufswagen: Wurst, Mehl und Bier.

B. Alle Elektrogeräte ausschalten

Stand-by-Verbrauch zu eliminieren, schont das Klima und den Geldbeutel gleichermaßen. Machen Sie Ihren Kühlschrank nur an, wenn Sie ein kaltes Bier zum Fußball brauchen und legen Sie nur dann eine Batterie in Ihre Armbanduhr ein, wenn Sie wissen wollen, wie spät es ist.

ICH HAB DOCH GESAGT, IM RUHESTAND MÜSSEN WIR ALLE DEN GÜRTEL ENGER SCHNALLEN!

Ehe in Rente: Ein Abenteuer beginnt

Wenn Sie dieses Jahr in Rente gehen und verheiratet sind, dann bescheinigt Ihnen die Statistik eine lange Beziehung. Männer und Frauen des Jahrganges 1955 liefen in Deutschland im Durchschnitt mit 29 und 24 Jahren in den Hafen der Ehe ein – die Wahrscheinlichkeit ist also groß, dass Sie bereits die Silberhochzeit feiern durften. Was bedeutet das für verheiratete Ruhestandspaare? Man kennt sich, man schätzt sich und … man schlittert in ein völlig neues und aufregendes Kapitel der Beziehung, die man so lange irrigerweise als stabil empfand. Langeweile in der Ehe? Pustekuchen! Wer als Paar in Rente geht erlebt so leidenschaftliche Auseinandersetzungen, wie sie sonst nur Teenager und tasmanische Beutelteufel pflegen. Ein seelischer Tango, wenn man so will. Oder eben ein Boxkampf, ganz nach Temperament der Beteiligten.

Schön illustriert hat das bereits Loriots Klassiker „Pappa ante Portas". Da trifft Renate Lohse Ihren Gatten an seinem ersten Rententag im gemeinsamen Wohnzimmer und fragt entgeistert: *„Was machst du denn hier?!"* Darauf er in hanseatischer Korrektheit: *„Ich lebe hier!"* Was folgt, ist ein Ringkampf der Partner, in dem sich Heinrich verzweifelt um eine sinnvolle Aufgabe im Ruhestand bemüht, während Renate daran verzweifelt, sein Engagement in verträglichen Grenzen zu halten. Obwohl es dem ehemaligen Einkaufsdirektor einer Sanitärfabrik konstruktiv erscheint, den Senf für die Rouladenzubereitung gleich palettenweise einzukaufen. Darauf gibt es immerhin 2 Cent Rabatt pro Glas.

Der Konflikt gipfelt darin, dass Frau Lohse aus Verzweiflung wieder selbst arbeiten geht, während ihr Gatte die gemeinsame Stadtvilla an ein vandalisches Filmteam vermietet, das sie unbewohnbar macht. Schlussendlich raufen sich die beiden zusammen, begraben das Kriegsbeil und drangsalieren fortan mit vereinten Kräften ihr soziales Umfeld als Blockflötenduo. Und wenn sie nicht gestorben sind, dann flöten sie noch heute …

Zugegeben, die Metamorphose zum Rentner-Traumpaar ist im Film in 90 Minuten vollzogen, kann aber im wahren Leben Monate bis Jahre dauern. Zu Beginn steht bei vielen Frauen, die ihren Mann nur vom Frühstück und nach Feierabend kennen, erst mal eine starke Irritation. Da kann es schon passieren, dass Frau im Flur einen Frontalzusammenstoß verursacht, weil Sie dort eben um 11

Uhr 30 keinen Gegenverkehr gewohnt ist. Selbst wenn das heimische Anwesen 200 Quadratmeter umfasst, täuscht kein noch so großes Platzangebot die Dame des Hauses darüber hinweg, dass sie zwischen 9 und 18 Uhr nicht mehr allein das Regiment führt, sondern sich unter ihrem Dach ein unberechenbares Wesen aufhält – der Rentner.

In den ersten Tagen, die der Neu-Rentner auf seinem Lieblingssessel verbringt, wird er von ihr noch vorsichtig beäugt und mit dem Staubsauger großräumig umfahren. Doch dann ist klar: Diesem Neuling im häuslichen Revier müssen Rollen und Aufgaben zugewiesen werden – ansonsten kippt das ökologische Gleichgewicht. Das klingt dann in etwa so wie Jutta (63), die ihre Tochter jüngst hysterisch heulend aus ihrer verschlossenen Gästetoilette heraus anrief und schluchzte: *„Dein Vater ist da!" - „Ja, und?"*, hakte die Tochter nach. *„Kind, du verstehst nicht"*, entgegnete Jutta jetzt fast kreischend, *„er ist jetzt immer da!!"* Das arme Kind wusste keine Antwort, hatte es doch stets angenommen, seine seit 34 Jahren verheirateten Eltern würden sich gegenseitig lieben und schätzen. Eine Beziehung, wie man sie sich für sein Leben wünschte. Dass ein Partner den anderen durch seine bloße Anwesenheit an den Rand des Nervenzusammenbruchs bringt, ist den 25- bis 45-jährigen DINKs (double income, no kids) von heute fremd. Die treffen sich ja allenfalls dreimal die Woche zum gemeinsamen Netflix schauen. Und dass, obwohl sie zusammen wohnen. Kaum wird einer das Schmatzen oder die Besserwisserei des anderen überdrüssig, ist der auch schon wieder zur Arbeit verschwunden. Ein Glück. Doch die frischgebackenen Rentnerpaare ihrer Elterngeneration bekommen plötzlich ausreichend Zeit geschenkt, um beim ausgiebigen Frühstück jeden Krümel im Mundwinkel des Gegenübers quasi meditativ zu erforschen ... bis viele Ehefrauen die Ruhe verfluchen und lieber eine Urschrei-Therapie starten.

Ehefrauen-Überlastung im Ruhestand tritt dermaßen regelmäßig auf, dass die Medizin ihr sogar einen Namen gegeben hat: Das „Retired-Husband-Syndrom". Wikipedia erklärt dazu:

> »Aufgrund der starken Einbindung des Ehemannes ins Berufsleben verliert dieser die notwendigen Sozialkompetenzen, um sich bei Renteneintritt wieder in die Familie zu integrieren. Als Folge der so auftretenden Belastung kann es bei der Ehefrau zu Rückenschmerzen, Asthma, Depressionen, seltener sogar zu Herzbeschwerden kommen.«

Liebe Ehemänner im Ruhestand! Achten Sie der Gesundheit Ihrer Gattin und auch der eigenen körperlichen Unversehrtheit zuliebe auf die frühen Warnzeichen des komplexen Syndroms. Schauen Sie genau hin. Bemerken Sie, dass Ihre Gattin Wutanfälle hat, die über das gewöhnliche Niveau hinausgehen? Registrieren Sie bei Ihr zarte Äußerungen des Unmuts, wie *„Das halte ich nicht mehr länger aus!"* oder *„Irgendwann bring ich den Kerl um!"*

Diese Anzeichen könnten darauf hinweisen, dass Ihre bessere Hälfte an einer Renten-Anpassungsstörung leidet und man ihr die Dinge nicht unnötig erschweren sollte. Bevor Ihre Ehefrau tatsächlich zu Arsen und Spitzenhäubchen greift, können Sie als Neu-Rentner noch einiges dafür tun, um den Haussegen wieder zu begradigen. Hier erhalten Sie wertvolle Tipps, wie sich Ehemänner im Ruhestand reibungsloser in den Haushalt eingliedern können:

Halten Sie Ihre Neugier im Zaum

Wohl wahr – Hausarbeit könnte Ihr zukünftiges persönliches Entfaltungsgebiet sein. Aber zähmen Sie zunächst Ihren Forscherdrang und vermeiden Sie es lieber, Ihrer Gattin auf Schritt und Tritt in Küche, Bad und Waschkeller zu folgen. Ein *„Was machst du da?"*, um sich die täglich zu verrichtenden Tätigkeiten minutiös erklären zu lassen, wirkt allenfalls bei Fünfjährigen putzig – bei ausgewachsenen Rentnern irritiert es eher. Sie sind dennoch neugierig, was es mit kochen, bügeln, putzen, waschen und einkaufen auf sich hat? Brennen Sie vor allem darauf, zu erfahren, ob Sie diese organisatorischen Herausforderungen nicht ein wenig effizienter erledigen können als Ihre Ehefrau? Dann besorgen Sie sich für den ersten Schritt die passende theoretische Fachlektüre. Hier bieten sich Klassiker an wie „Das Buch der jungen Hausfrau" oder das Schulbuch „Morgen bist du Hausfrau", das in den 1970ern Standardlehrstoff an deutschen Mädchenschulen war. Die praktisch orientierten Werke sollten einst junge Mädchen auf die Ehe vorbereiten, doch sie liefern auch verrenteten Ehemänner reichlich Lernstoff.

Der Haushalt ist nicht Ihr Büro. Oder doch?

„Schatz, ich denke, wir würden jährlich einen beträchtlichen Betrag einsparen, wenn wir vom drei- auf das zweilagige Toilettenpapier wechseln." Auf diese und ähnliche Verbesserungsvorschläge

reagieren Ehefrauen leider nicht besonders positiv. Ebenso wenig erbaut sind sie vom Vorschlag, das Mittagessen zugunsten der häuslichen Effizienz täglich pünktlich um 12 Uhr 30 aufzutischen. Auch neu eingeführte Haushaltsbücher, die in Excel-Tabellen sämtliche Ausgaben parallel zu den Rabattaktionen der Supermärkte dokumentieren, können sie selten begeistern. Schließlich führt eine Hausfrau neben einem berufstätigen Ehemann oft jahrzehntelang den Haushalt mit ihrem traditionellen System und zeigt sich nur wenig flexibel für Innovationen. Streben Sie als Rentner nun nach Effizienzsteigerung und Strukturwandel im häuslichen Umfeld, sollten Sie daher taktisch ähnlich klug vorgehen, wie bei Ihrem ehemaligen Chef. Den musste man schließlich auch immer ungefragt mit Änderungen überraschen, damit er sie schlussendlich als seine eigene Idee ausgeben konnte. Bei Ihrer Ehefrau könnten Sie da in etwa so vorgehen: Melden Sie sich freiwillig dazu, die Spülmaschine einzuräumen, und testen Sie dabei Ihr bahnbrechendes geometrisches Ausrichtungssystem der Geschirrteile und Bestecke, das Sie vorab in Auto-CAD simuliert hatten. Wenn Ihre Frau die Maschine ausräumt, bekommt sie zwar den Schreck ihres Lebens, doch wenn das Geschrei sich lichtet, merkt sie überrascht, wie sauber Teller und Gabeln glänzen. Schwindeln Sie daraufhin, dass Ihre Gattin Ihnen das angewandte System doch vor Jahren beim Kauf der Maschine erläutert habe. Mit etwas Glück haben Sie für die Zukunft einen Ideologiewechsel in der Spülmaschine erreicht.

Erziehung erfordert Fingerspitzengefühl

Falls Sie in Rente gehen, während Sie noch schulpflichtige Kinder haben, sollten Sie Erziehungsdogmen, die Ihre Frau bislang vertrat, nicht von heute auf morgen infrage stellen. Falls das Kind um die 16 Jahre alt ist, hat es sich unter Regie Ihrer Gattin eventuell eingebürgert, dass es bis 22 Uhr aufbleiben, ohne Aufsicht fernsehen und koffeinhaltige Erfrischungsgetränke konsumieren darf. Trotzdem: Machen Sie Ihrer Frau keine Szene, weil die in Ihrer bürobedingten Abwesenheit die Zügel so hat schleifen lassen. Das laxe Regelwerk in der Kindererziehung können Sie hier nur allmählich korrigieren, indem Sie Ihrem Spross schädliche Privilegien nach und nach wieder entziehen. Mit Glück besteht die Chance, dass das Kind an seinem 30. Geburtstag zu einem verantwortungs- und pflichtbewussten Individuum herangewachsen ist.

Kluge Väter verschaffen sich erst mal einen Überblick über das Umfeld des Nachwuchses, sodass sie destruktive Einflüsse schnell eliminieren können. Gehen Sie dabei aber behutsam vor – insbesondere, wenn Sie im Ruhestand den Drang verspüren, endlich Ihre Vaterrolle bei den Elternabenden wahrzunehmen. Es könnte für Unruhe sorgen, vor der versammelten Elternschaft den jungen Lehrer Ihres Kindes zu fragen, ob er denn seine Haare üblicherweise so lang trage und den Kindern damit eine linksliberale Gesinnung vermittelt wolle. Vielleicht sollten Sie dem Pädagogen auch nicht sofort unterstellen, dass er wohl ab und an gern „etwas Stärkeres" rauchen würde. Selbst wenn der arme Kerl sich nicht gegen Ihre scharfe Charakteranalyse wehren kann, wird Ihre Frau Ihnen zuhause garantiert den Kopf waschen.

Vermeiden Sie Territorialkämpfe

Beweisen Sie Fingerspitzengefühl, wenn es darum geht, Ihrer Ehefrau im Ruhestand die Hausarbeit etwas zu erleichtern. Das funktioniert nämlich nicht, indem Sie nur dann und wann auftauchen, während Ihre Gattin abwäscht, staubsaugt oder kocht, und Sie sie auf Fehler aufmerksam machen. Überraschende, ungefragte Kritik kommt selten gut an. Erinnern Sie sich? Ihr Chef hatte es auch immer gut drauf, mit dieser Masche die Motivation seiner Mitarbeiter zu zerstören. Am Ende gibt es nur böses Blut und keiner hat mehr Lust, einen Finger zu rühren.

Falls Sie sicher sind, eine Aufgabe deutlich besser erledigen zu können als Ihre Ehefrau, dann melden Sie diesen Anspruch nur an, wenn Sie bereit sind, das Feld komplett zu übernehmen. So wie bei Maria und ihrem Ehemann Willi, einem ehemaligen Ingenieur. Im Ruhestand mutierte er auf einmal zum Restaurant-Kritiker. An Marias Gerichten fehlte ihm Salz, die Karotten in der Gemüsesuppe erschienen ihm zu weich gekocht und das Fleisch zu trocken. Die gepeinigte Köchin ließ den Löffel daraufhin fallen und schnauzte Ihren werten Ehemann an:

»Wenn´s dir nicht schmeckt, koch eben selber!«

Gesagt, getan: Heute ist Willi allein für das Kochen im Haushalt verantwortlich. Oder sollte man sagen, für die Haute-Cuisine. Denn er ruht nicht, bevor nicht alle Karottenwürfel dieselbe Kantenlänge aufweisen und das Fleisch nicht die exakt gewünschte Kerntemperatur erreicht hat. Marias ehemalige Küche gleicht nun einer Mischung aus Werkstatt und Labor, in der sich Stickstoff-Sprühflasche an Sous-Vide-Garer an Hochtemperaturgrill reihen. Wenn Willi da loslegt, betritt Maria den Raum vorsichtshalber nicht mehr, um nicht seine ausgefeilte Choreografie zu stören. Außer natürlich, er verlangt nach ihrer Hilfe, um ihm wie einem Herzchirurgen im OP die wichtigen Werkzeuge anzureichen. Bei größeren Unterfangen wie der mit gedämpften Maronen gefüllten orangen-glasierten Weihnachtsgans kann das schon mal vorkommen. Ansonsten hat Maria mit der Küche nichts mehr am Hut. Ein Verlust? Kaum. Denn nach 35 Dienstjahren als Hausfrau und Mutter hat die 61-Jährige zum ersten Mal gemerkt, dass sie das Kochen eigentlich nie besonders mochte.

Überschreiten Sie nicht ihre Kompetenzen

Der Gedanke klingt erst einmal logisch: Jetzt, wo Sie den ganzen Tag zuhause sind, sollten eigentlich externe Handwerker und Techniker in Ihrem Haushalt überflüssig werden. Die Waschmaschine reparieren? Das Parkett abschleifen? Das Smartphone programmieren? Alles kein Problem! Wahrscheinlich hegen Sie ohnehin den leisen Verdacht, dass sämtliche Dienstleister, die Ihre Ehefrau in Ihrer Abwesenheit beschäftigt hat, für kinderleichten Pipikram übertriebene Honorare verlangen. Also legen Sie lieber selbst Hand an. Hierbei sollten Sie allerdings wirtschaftlich denken: Die Totalschäden, bei denen Haushaltsgegenstände nach Ihren Do-it-yourself-Reparaturversuchen komplett ersetzt werden müssen, sollten das gewohnte Budget für Techniker und Handwerker nicht deutlich übersteigen, um die Nerven Ihrer Gattin nicht zu schonen. Üble Fallstricke lauern zum Beispiel im Versuch, monumentale Küchenhängeschränke an eine Rigipswand zu montieren oder die alte Standard-SIM-Karte mit der Nagelschere so zu trimmen, dass sie sich in den Nano-Steckplatz eines neuen Smartphones stopfen lässt. Letzteres geschieht am besten auf der Küchenzeile, über der die neuen Hängeschränke seit wenigen Stunden hängen.

»Da müssen wir lediglich hier etwas vom Plastikstreifen wegschneiden ..ups ..ohh Schei*!«**

Selbst wenn die SIM-Karte gepasst hätte, haben die herabstürzenden Schränke vielleicht nicht nur Omas gutes Porzellan mit sich in die Tiefe gerissen, sondern auch noch das iPhone zermalmt. Also gilt: Der Rentner im Haus erspart auf den ersten Blick vielleicht Elektriker, IT-Fachmann und Kücheninstallateur – aber spart nicht unbedingt Geld.

WIE ENTSCHEIDEN WIR JETZT WEGEN DEM URLAUB MIT DEN HOPPENSTEDTS?
WEGEN **DES URLAUBES,** HERBERT. ES IST DER GENITIV.

SEIT 23 JAHREN KORRIGIERST DU MICH BEI JEDER KLEINIGKEIT!!
SEIT 23 JAHREN UND 7 MONATEN, MEIN LIEBER.

Tipps für Ehefrauen mit Neu-Rentner im Haus

Kennen Sie das? Auf einmal ist alles anders! Jahrzehntelang hatten Sie alles im Griff, was unter Ihrem Dach passierte. Trotz einem Tsunami an täglichen Anforderungen glänzten Sie mit derart großem Organisationstalent, dass der Alltag ganz entspannt lief. Zwischen einkaufen, kochen, waschen und dem Termin beim Steuerberater fanden Sie immer wieder Momente, die Sie ganz sich selbst widmen konnten. Beim Yoga, beim Kaffeetrinken mit Ihrer besten Freundin oder bei Ihrer Kosmetikerin. Wer diesen Lebensstil als „entspanntes Hausfrauendasein" herabwürdigt, liegt völlig falsch. Die Wahrheit ist: Das weibliche Geschlecht hat die „Work-Life-Balance" erfunden! Denn, ehrlich gesagt: Wenn Männer so schalten und walten wollten, wie sie wollten, hätten wir eine Welt voller testosterongepeitschter Konflikte, Herzinfarkte und Frühverrentungen. Moment mal ... diese Welt haben wir ja tatsächlich.

Die traurige Wahrheit ist: Allein das weibliche Geschlecht hat schon immer erkannt, wie wichtig die Entspannungspausen und die geistige Ablenkung zwischendurch für das Gelingen des Langzeit-Projektes „Leben" sind. Während Männer seit jeher die nachbarschaftlichen Kaffeekränzchen ihrer Ehefrauen als Zeitverschwendung herabwürdigten, sprechen heute eine Vielzahl wissenschaftlicher Argumente für Klatsch, Kuchen & Handarbeitskreisel: Soziale Kommunikation senkt nämlich nachweislich den Cortisolspiegel und damit das Risiko eines Herzinfarktes. Achtsamkeit und das Dasein im Moment tun das ebenfalls. Und während die junge Generation sich diese Vorteile hart in Meditations-Workshops erkämpfen muss, wussten unsere Großmütter instinktiv, was Körper und Geist guttut, als sie sich zum Stricken und Tratschen trafen. Stricken ist übrigens ein ganz heißer Tipp gegen Demenz und Depressionen – das konnten Harvard-Forscher jetzt wissenschaftlich bestätigen.

Zumindest versuchen junge Laute aktuell, sich dem Lebensstil unserer Großmütter nun endlich wieder anzunähern unter dem Etikett „Vereinbarkeit von Familie und Beruf". Sogar die Männer. Da planen Karrieretypen, die mit Anfang 30 Führungskraft in einer internationalen Unternehmensberatung sind, ab jetzt kürzerzutreten, um mehr Zeit mit den kleinen Kindern zu erleben. Eine geistige Revolution, oder? Ihr werter Ehemann hat das vor Jahrzehnten wahrscheinlich noch ganz anders geregelt. Da boten kleine Kinder im Haus einen expliziten Grund dafür, sich abends besonders lange im Büro zu bleiben. Die Erklärung: Genau jetzt dürfe der Chef nichts an der Arbeit auszusetzen haben, denn man habe ja eine Familie zu versorgen und dürfe keine Kündigung riskieren. Sei´s drum: Jetzt ist der Gute ja nun endlich und unwiederbringlich aus dem Büro zurückgekehrt. Und genau hier liegt das Problem. Während Sie in der Abwesenheit Ihres Gatten die perfekte Work-Life-Balance aufgebaut haben, watschelt er so orientierungslos durch Ihr gemeinsames Domizil wie ein Pinguin über einen orientalischen Basar. Um Ihren Gatten wieder auf sinnvolle Pfade zu bringen, orientieren Sie sich deshalb an den folgenden Tipps:

Werden Sie zum Rentner-Flüsterer

Haben Sie bereits einen Hund oder schauen Sie gern die Sendungen von Hundeprofi Martin Rütter? Dann wird Ihnen die Erziehung Ihres Rentners gleich doppelt so leichtfallen. Der Trick ist, die ersten Versuche, die Ihr Mann beim Kochen, Putzen und Heimwerken unternimmt, nicht gleich an den ausgewachsenen Leistungen eines gesunden Menschenverstandes zu messen. Imaginieren Sie lieber das Bild eines 8 Wochen alten knuddeligen Labradorwelpen vor Ihrem inneren Auge. Ein solch putziges Kerlchen würden Sie überschwänglich für jede Aktion loben, die auch nur im Ansatz klappt. Etwa, *nicht* auf den Teppich zu kacken. Sondern erst auf den Fußabtreter vor der Haustür. Oder nicht gleichwildfremde Menschen umzuwerfen, ihnen ins Gesicht zu springen und sie abzulecken. Geht das Verhalten des kleinen Welpen grob über den Daumen gepeilt in die richtige Richtung, heißt es in hoher Stimme mit breitem Grinsen:

»Feiiiiiiiiiiiiin gemacht!! Ganz feiiiiiiiiiiiin!!«

Was der Welpe mit Ihrem Rentner zu tun hat? Falls Ihr Gatte mal wieder der Terrasse ein windschiefes Sonnensegel in einer Horrorfarbe verpasst oder schweineteure Lammkotelets auf seinem neuen Gasgrill verkohlt, dann rümpfen Sie nicht reflexhaft die Nase. Das demotiviert den kleinen Racker, ähhh, den ausgewachsenen Rentner nur. Schenken Sie ihm stattdessen ein motivierendes Lob. Das kann schwer sein, weil Welpen wie Rentner gleichermaßen viel Schaden im Haus anrichten: Da wird vor Wut ins Tischbein gebissen, wenn der aktuelle Rentenbescheid kommt. Da wird der englische Rasen wie ein Acker zerwühlt, wenn man den Maulwürfen den Garaus machen will. Da werden blutige Revierkämpfe ausgetragen, wenn der Nachbar seine Thuja nicht beschneiden will, die bei genauem Hinsehen mindestens fünf Zentimeter über die Grundstücksgrenze wächst. Doch denken Sie auch in den schweren Momenten der Rentner-Erziehung immer an ihr Krafttier, den unschuldigen, süßen Labrador. Und gönnen Sie Ihrem Gatten auch bei fruchtlosen Bemühungen stets ein liebevolles *„Feiiiiiin gemacht!"* Das motiviert ihn und hilft dabei, dass er sehr bald stubenrein ist, Stöckchen holen kann und nicht mehr den Briefträger beißt.

Ihr Mann braucht ein Hobby

Erinnern Sie sich an Ihre 5-jährigen Kinder? Die wussten an manch einem Sonntagvormittag nichts mit sich und der Welt anzufangen und kamen dann rasch auf dumme Ideen. Zum Beispiel, ein Loch durch die Kinderzimmerwand zu bohren, um den Nachbarn Hallo zu sagen. So ähnlich verhält es sich ja auch mit dem Rentner. Der läuft Ihnen wahrscheinlich in den ersten Wochen der Rente wie ein hilfloses Kind dauernd vor den Füßen herum.

> »Was machst du da?«, »Wo gehst du hin?«, »Dauert der Friseurtermin immer so lange? Es ist doch kaum was mit deinen Haaren passiert.«

Fast so, als ob Sie ein Vorschulkind sitten würden. Sein Ringen um Ihre permanente Aufmerksamkeit nervt zwar, ist aber weit nicht so gefährlich wie das Stadium nach der Langeweile. Nämlich die erwachende Kreativität. Vielleicht bemerken Sie, dass Sie heute besonders entspannt sind, weil Sie noch kaum etwas von Ihrem Mann gehört haben. Diese Ruhe – einfach wunderbar! Aber Vorsicht! Das kann nur bedeuten, dass Ihr Gatte sich an einer spannenden Aufgabe festgebissen hat, die nicht unbedingt gut für das Gemeinwohl sein muss. Zum Beispiel, wenn er sich mit Bierflasche und Bohrhammer bewaffnet daran macht, das Badezimmer im Souterrain zu renovieren. Bei Rentnern ist es eben wie bei den Kindern: Überlässt man sie ohne moralische Leitlinien einfach sich selbst, mutieren sie zu drogenkonsumierenden Vandalen.

Am besten beugen Sie dieser Fehlentwicklung vor, indem Sie Ihrem Rentner ein ungefährliches und nettes Hobby verschaffen. Bedenken Sie also, was bei Modell-Flugzeugbau, Hobby-Imkern und Dartspielen alles schiefgehen kann und überlegen Sie, ob Sie das Risiko eingehen wollen.

Wenn Sie die optimale Freizeitbeschäftigung ausgemacht haben, brauchen Sie noch etwas Geschick, um Ihren Gatten darauf zu bringen. Ein einfaches

»Schatz, wolltest du nicht schon immer Origami falten?«

ist wenig elegant und kaum wirksam. Viel besser funktioniert bei Männern der Aufbau einer Konkurrenz-Situation. Etwa:

> **»Herbert, weißt du, was Regina mir eben erzählt hat? Der Klaus baut jetzt in seiner Rente Vogelhäuser. Und verkauft die sogar teuer auf dem Flohmarkt an diese Öko-Yuppies vom Prenzlauer Berg. Kannst du dir das vorstellen? Dabei hatte der doch immer zwei linke Hände, als ihr damals zusammen studiert habt ..du musstest ihm doch beim Umzug nach Berlin noch seine Möbel aufbauen, sonst hätten die beiden ewig auf Jaffa-Kisten sitzen müssen. Weißt du noch?«**

Diese Schmach wird Ihr Gatte kaum auf sich sitzen lassen können. Wahrscheinlich erhebt er sich wortlos und verschwindet für zwei Stunden im nahe gelegenen Baumarkt. Während Sie in den folgenden Tagen kaum etwas von ihm sehen, hören Sie ihn stattdessen im Hobbykeller raspeln, schrauben und fluchen. Anschließend präsentiert er Ihnen stolz die Antwort auf Klaus lächerliche Ambitionen: die Luxus-Vogelvilla mit Futterstation, Pool und Webcam zur Brutüberwachung und Katzen-Alarmanlage. Und dann, erinnern Sie sich? **»Feiiiiiin gemacht!«**

Tipp für Rentner-Singles

Sie haben als Ruheständler zukünftig viel Zeit, doch auf einmal fällt Ihnen auf, dass etwas fehlt? Ach ja. Eine liebende Partnerin, mit der man diese Zeit verbringen könnte. Dass hier eine menschliche Lücke entstanden ist, nachdem Ihre Ex-Frau wegen Ihrem Workaholismus vor 20 Jahren das gemeinsame Leben verließ, fiel Ihnen bislang gar nicht so stark auf. Man arbeitet ja so viel ...

Aber jetzt im Ruhestand könnte es doch etwas langweilig werden, wenn man so allein sein Frühstücksei köpft, die Nachrichten hört und nach Fuerteventura fliegt. Wie kann man also im Alter von 65+ noch seine Traumfrau kennenlernen? Vielleicht sogar eine Dame, die eine ganze

Ecke jünger ist als man selbst, um dem gemeinsamen Leben noch mal frischen Wind zu verleihen? Bei derartigen Männerträumen ist Vorsicht angebracht, denn mit wachsendem Altersunterschied zur Ehefrau scheint die Lebenserwartung des Ehemanns deutlich zu sinken. Wie bei Playboy-Chefredakteur Hugh Hefner, der 2012 ein 60 Jahre jüngeres Erotik-Modell heiratete und viereinhalb Jahre später verstarb. Oder im Falle des 89-jährigen Milliardärs Howard Marshall. Er ehelichte die 63 Jahre jüngere Erotik-Ikone Anna Nicole Smith und, Schwupps, ein Jahr später war er tot. Eine gesündere Konstellation könnten Sie zum Beispiel mit einer Partnerin erreichen, die nicht mehr als ein Vierteljahrhundert jünger ist als Sie und ruhig Modell sein darf, aber eines von der seriösen Sorte, die noch Kleidung am Leib hat. Wo findet man diese Konstellation? Zum Beispiel beim 45. Präsidenten der USA, Donald Trump, und seiner Melania. Dieses Paar zeigt uns auch deutlich, was es braucht, um das Herz einer langbeinigen, jüngeren Frau zu gewinnen: Einen messerscharfen Intellekt, sprühenden Charme und einen frischen, orangefarbener Teint.

Nein, das war gelogen. Diese Stärken besitzt Herr Trump zwar allesamt, aber sie geben nicht den Ausschlag für seinen Erfolg bei Frauen. Hier entscheidet ein anderes, marginales Detail: nämlich 3,1 Milliarden Dollar. Lassen Sie sich nicht von Illustrierten und Rosamunde-Pilcher-Filmen verwirren. Frauen wollen weder einfühlsame Männer noch leidenschaftliche Liebhaber wie Don Juan. Sie sind zufrieden damit, Ihnen das Bier zu servieren, gemeinsam Fußball zu schauen und Ihre Wäsche zu waschen, wenn Sie nur drei kleine Charaktereigenschaften mitbringen: Geld, Geld und außerdem noch … Geld. Sie habe noch keines? Nicht so schlimm. Gehen Sie wieder zurück zum Kapitel *„Am Ende der Rente ist einfach zu viel Monat übrig“* und lesen Sie den Abschnitt über Makler.

Tipp für alle hoffnungslosen Fälle: Legen Sie sich einen Hund zu

Die klischeehaften Artikel in der Apotheken-Umschau empfehlen Senioren, sich einen Hund zuzulegen, damit sie fit bleiben. Doch der beste Freund des Menschen hat darüber hinaus viele andere unschlagbare Vorteile gegenüber einem 24-jährigen Pin-up-Modell als Freundin. Zum Beispiel der Dackel: Den können Sie nachts als Nackenrolle benutzen und außerdem lässt er sich mit seiner kompakten Größe möglichen Einbrechern direkt an die Halsschlagader werfen. Darüber hinaus fördert ein kleiner Hund Ihre sozialen Kontakte: Da der giftige Kläffer in Ihrer Abwesenheit regelmäßig die gesamte Hausgemeinschaft aufscheucht, genießen Sie die wiederkehrenden Anrufe und Besuche von aufgebrachten Nachbarn. Falls Sie stattdessen lieber nicht gestört werden wollen, sollten Sie das mit dem Hund lieber vergessen. Hier helfen ein paar südamerikanische Pfeilgiftfrösche oder ein Tarantel-Terrarium dabei, dass Ihnen niemand auf die Pelle rückt.

Lernen Sie Ihre Familie kennen! Teil I: Kommunikation mit Teenagern

»Mein Sohn ist 16 – er sitzt und spricht!«

Loriots Frührentner Heinrich Lohse vermag im Film Pappa ante Portas gerade einmal drei zentrale Eigenschaften seines holden Sprösslings aufzuzählen, als er nach ihm gefragt wird. Und – seien wir mal ehrlich – in vielen deutschen Musterfamilien, deren Oberhaupt aktuell in Rente geht, kennen die Väter ihren Nachwuchs und Nach-Nachwuchs nicht viel besser. Nichts gegen die Feminismuswelle der 1970er Jahre, die modernen Rollenmodelle und die Patchwork-Familien – aber Familienkonstellationen aktueller Ruheständler sind doch eher inspiriert vom patriarchalischen Nachkriegsmodell:

Vater ging arbeiten, Mutter blieb zuhause und kümmerte sich um die Belange der lieben Kleinen. Dem Papa wurden bestenfalls am Sonntag die selbstgemalten Bilder oder selbstgeschummelten Mathe-Zensuren vorgeführt. Doch wenn es um die Veilchen im Gesicht des Nachbarsjungen ging oder den kleinen Auffahrunfall mit dem väterlichen Mercedes, dann galt natürlich die Devise *„Sag es bloß nicht Papa, der regt sich nur auf!“* Ergo, haben die arbeitenden Väter die volle emotionale Bandbreite ihrer Brut noch gar nicht genießen können.

Zum Glück gibt es Enkel, bei denen Sie diese verpasste Gelegenheit im Ruhestand nachholen können. Womöglich schenkt Ihnen das Leben auch durch einen späten Kindersegen oder eine Patchwork-Konstellation noch im Alter von über 60 Jahren einen putzigen Teenager, an dem Sie Ihre Kommunikationsfähigkeit mit der jungen Generation trainieren können.

Damit das nicht so peinlich wird, wie beim erwähnten Herrn Lohse, der seinem 16-Jährigen bei einem Teller Suppe Bienchen und Blümchen erklären will, sollten Sie sich zumindest die Grundstrukturen der aktuellen Jugendsprache aneignen. Wir helfen Ihnen mit der kompakten Übersetzungshilfe

Teenager – Deutsch, Deutsch – Teenager:

As fuck

– beschreibt nicht etwa rüde eine sexuelle Praktik, sondern meint, dass etwas im Superlativ geschieht. Wenn Ihr Enkel also erzählt, die Mathearbeit sei *„easy as fuck"* gewesen, meint er damit etwas, dass Sie in seinem Alter vielleicht als *„Kinkerlitzchen", „pipileicht"* oder *„intellektuell erschreckend unterfordernd"* bezeichnet hätten. Merke: As fuck wird gern mit positiven Adjektiven kombiniert wie *„sexy as fuck"* oder *„lecker as fuck"*. Aber: Für negative Superlative nutzen Teenager von heute den Einschub *„fucking"*. Also etwa:

> **»Obwohl Herr Lehrer sich für die Mathearbeit fucking schwere Aufgaben ausgedacht hatte, konnte Klein-Kevin sie lösen, weil er schlau as fuck ist.«**

Da soll noch mal einer sagen, die Jugendsprache sei einfacher Einheitsbrei, der die deutsche Sprache ihrer Vielfalt beraube. Im Gegenteil. Die jungen Leute integrieren fremdsprachliche Begriffe in variantenreichen Konjugationsformen, deren Bedeutung sie subtil differenzieren.

Ahnma

– eine mundfaul verkürzte Form der Wendung *„Erahne das mal"*, die das Gegenüber auffordert, einen unabänderlichen Sachverhalt zu begreifen. Zum Beispiel:

> **»Ahnma, Opa, dass der Bigmac seit letzter Woche fucking teuer geworden ist.«**

Alman

– aus der türkischen Sprache entlehnter Begriff für den typischen Deutschen. Falls Sie es also lieben, am Sonntagvormittag vor dem Genuss von Rinderbraten mit Thüringer Klößen über den Schrebergartenzaun hinweg mit Ihrem Nachbarn zu fachsimpeln, welcher Rasenkantenscheider am effizientesten arbeitet, und dabei weiße Socken in Sandalen entdecken, wenn Sie so an sich herunterschauen … könnte auch Ihr Passbild als Vokabel-Erklärung an dieser Stelle abgedruckt sein.

Auf dein Nacken!

– Im Hip-Hop-Slang verbreitete Wendung, die angibt, dass die adressierte Person gefälligst eine anfallende Rechnung übernehmen soll. Ein gieriges kleines Enkelchen könnte also vorschlagen:

»Komm Opa, lass ma Eis essen gehen. Auf dein Nacken!«

Und falls Sie beim Verwöhnen nicht darauf achten, auch mal Grenzen zu ziehen, mutiert das Balg mit hoher Wahrscheinlichkeit innerhalb der nächsten 10 bis 15 Jahre zu einem antriebslosen Hedonisten, der von Hartz 4 lebt; also *„auf Staats Nacken"*.

Bambusleitung

– mit diesem abfälligen Ausdruck charakterisiert der digitalsüchtige Teenager eine schlechte Internetleitung. Beispiel:

»Boah Opa, wie kannst du mit der Bambusleitung denn arbeiten? Da macht ja nicht mal Google auf!«

Der nervigen Rotzgöre nehmen sie jetzt am besten den Wind aus den Segeln, indem Sie ihr klarmachen, dass die Jugend von heute offensichtlich keine noch so kleine Unbill mehr aushalten kann. Wenn sich Ihr Enkel demnächst wieder über den Handy-Empfang bei Ihnen im Dorf beschwert, dann geben Sie ihm kontra:

»Kein Netz, sagst du?! Sei froh, dass es Handys gibt. Zu meiner Zeit musste man zwei Kilometer zum nächsten Münzfernsprecher laufen und erst mal den betrunkenen Obdachlosen aus der Kabine werfen, bevor man telefonieren konnte. In einer Urinlache stehend, wohlgemerkt.«

Wenn die lieben Kleinen sich über Internet-Störungen beklagen, dann klären Sie sie auf, wie das Leben damals ohne Internet aussah:

> **»Internet hatten wir ja früher überhaupt nicht! Wir mussten im Winter bei Schnee in Sandalen sieben Kilometer bis ins nächste Dorf laufen und an eine Tür klopfen, um jemandem zu sagen, dass wir ihn nicht leiden können!«**

Oder machen Sie die Enkel neidisch, ob Ihrer eigenen idyllischen Jugend fernab der Digital-Diktatur:

> **»Ach weißt du Junge, damals, so ganz ohne Internet, als wir noch nicht wussten, wie viele Idioten diese Welt täglich hervorbringt. Da haben wir ziemlich entspannt gelebt.«**

Banalverkehr

– wieder eine schlüpfrige sexuelle Anspielung, wie sie Jugendliche von heute obsessiv machen. Die Ärmsten sehen das andere Geschlecht ja nur über das Display ihres Smartphones und können nicht live auf dunklen Garagenpartys fummeln wie Sie damals. Deshalb steht das Wort Banalverkehr in der Teeniesprache auch nicht für ein sprödes Schäferstündchen, sondern für belangloses Geplänkel, dass der Teenie mit seinen Freunden über die digitalen Kanäle austauscht. Etwa

»Omg, hast du das neue Pic von Justin Bieber gesehen?! Voll swag!«,

was dann auch dem Niveau seiner gesamten sozialen Kommunikation entspricht.

Bae

– steht für die Worte „before anyone else“ und bezeichnet eine Person, deren Interessen für den Sprecher höchste Priorität haben, weil er sie grenzenlos liebt oder weil er bei Zuwiderhandeln grausame Konsequenzen befürchtet. Für die meisten Teenies ist ein *bae* der beste Freund oder die Freundin. In Ihrer Generation hätten wohl der Chef und die Ehefrau hart um diesen Titel gerungen.

Bashen

– das waren noch Zeiten. Während man zu Ihren Schulzeiten die Rivalenkämpfe noch bei Himmel & Hölle, Hüpfspielen oder mit den bloßen Fäusten ausgetragen hat, freut sich Ihr Enkel heute, wenn er *„Kevin voll bei Call of Duty gebasht hat“*. Dabei sitzen die armen übergewichtigen Allergiker dann in ihren ergonomischen Gaming Chairs dick bebrillt vor flackernden Monitoren mit obszönen Gewaltdarstellungen. Dass die gezeigten Aggressionen so auf die Mitspieler übergreifen könnten, dass sie sich in der Realität an die Gurgel gehen, muss man zumindest nicht befürchten: Die lieben Kleinen spielen aus Prinzip nur über Headset und Breitband-Internet mit Menschen, die mindestens eine Wand entfernt sind, besser einen Kontinent. Wenn Sie die Bengel demnächst wieder dabei erwischen, stellen Sie am besten klar:

> **»Sind das schon wieder diese Ballerspiele? Ts ts ts, wie ungesund. Früher haben wir die Leute noch an der frischen Luft erschossen!«**

Beef

– ob das wieder eine Kampagne klimaschützender Veganer ist? Beef bezeichnet bei den jungen Leuten von heute kein saftiges Rindfleisch mehr, sondern eine handfeste Streitigkeit. Etwa in:

> **»Opa, die Mama sagt, wenn Tante Jutta auf dein Nacken nach Fuerteventura fliegen darf, wird es noch Beef geben!«**

Bestie

– anglisierte Bezeichnung für den besten Freund oder die beste Freundin Ihres Enkels. Da sie zur selben Generation gehören, sind natürlich auch alle Besties Bestien wie Ihr Enkel: undankbar, altklug und überheblich.

Boyfriend-Material, Girlfriend-Material

– aus ihrer narzisstischen Perspektive bezeichnen die egoistischen Gören von heute einen Menschen als Material, aus dem sie sich potenziell den idealen Lebenspartner hin manipulieren könnten. Da hätten Sie früher wohl eher das Kompliment gemacht, jemand sei *„eine gute Partie“* oder eine *„Traumfrau“*.

Chinning

– unverständlicher Trend unter Jugendlichen, die nicht versuchen, sich auf Fotos von ihrer Schokoladenseite zu zeigen, sondern – als hätten sie zu viel Schokolade gegessen – mit Doppelkinn samt blödem Gesichtsausdruck.

Cornern

– Euphemismus für die Vollzeitbeschäftigung der nutzlosen Nachkommenschaft: An der Straßenecke herumlungern und Bier („einen *Hopfensmoothie*“) trinken. So ziemlich die letzte verbliebene Tätigkeit, die bei der digitalen Generation ihrer Enkel unter freiem Himmel stattfindet.

Cringe

– ursprünglich bedeutet die englische Vokabel „zusammenzucken“, Ihr Enkel meint damit ein Ereignis mit hohem Fremdschäm-Potenzial, dass einem kalte Schauer über den Rücken treibt. Falls Sie also versuchen, demnächst in seiner Muttersprache mit dem süßen Fratz zu konferieren:

> »Ahnma, dein neues Tatoo ist echt ugly as fuck. Außer Banalverkehr wird da bei den Ladys nichts mehr gehen“,

dann kreischt das geschockte Kind wahrscheinlich:

»Ey Opa, hör auf, das ist voll cringe!«

Darthvadern

– kreative Umschreibung für ein männliches Elternteil, das autoritär darauf besteht, der Jungspund müsste qua elterlicher Autorität seinen Anweisungen folgen. So was gab es auch in Ihrer Generation („*Junge, so lange du die Füße unter meinen Tisch stellst, trägst du deine Haare nicht wie ein Kommunist!*“). Benannt ist das Wort nach dem Archetypus einer invasiven Vaterfigur, Darth Vader in Star Wars.

Dummfall

– Kurzwort für „dummer Unfall“. Passt vielleicht auf die ungeplante Zeugung Ihres nervtötenden kleinen Enkels, der seinen Eltern ihre gesamte Lebensenergie raubt. Was dazu führt, dass sie das Monster jetzt gern öfter bei Ihnen parken wollen, wo Sie doch als Ruheständler so viel Zeit haben …

Ehrenmann, Ehrenfrau

– das „Jugendwort des Jahres 2018“ bezeichnet einen Menschen, der etwas Besonderes für jemanden tut. Und lässt vermuten, dass die notorisch passive Teenagerzunft von heute sich zumindest verbal nach gesellschaftlichen Großleistungen und emotionalen Heldentaten sehnt, die sie nur von Netflix her kennt. Den Status Ehrenmann bzw. Ehrenfrau erlangen sie bei Ihrem Enkel wahrscheinlich im Handumdrehen, wenn Sie ihm einen 50-Euro-Schein zustecken.

"Ein Smoothie ?! Du Ärmster.
Ich kann mein Obst noch selbst kauen."

Exting

– hier beweist die Jugend wieder ihre Stärke in zwischenmenschlicher Kommunikation und Empathie: Exting (von „*Texting*" und „*Ex*") bezeichnet das Beenden einer Liebesbeziehung per digitaler Textnachricht. Wenn dem Youngster selbst zur fernschriftlichen Kündigung der Liebesbeziehung noch Mumm und Antrieb fehlen, ignoriert bzw. blockiert er einfach die Nachrichten seines Noch-Partners, bis dieser irgendwann aufgibt. Das nennt sich dann „*Ghosting*".

Fermentieren

– selbstironischer Ausdruck für das nutzlose Herumgammeln von Teenagern in ihrer Freizeit. Damit werden fermentierte Lebensmittel zu Unrecht diskreditiert. Sie produzieren zumindest verdauungsfördernde Bakterien, während Ihren faulen Enkeln beim Herumhängen nichts Gutes in den Sinn kommt. Frönen die Kinder ihrer gottgegebenen Lethargie nicht in ihrem zugewiesenen Zimmer, sondern blockieren stattdessen neue Territorien wie Opas Sofa, nennen die Kleinen das: „*fernschimmeln*".

Fleischdesigner

– dieser Titel bezeichnet nicht etwa einen Lebensmitteltechnologen, sondern einen ästhetischen Chirurgen. Zumindest trägt die Jugendsprache mit ihren ur-deutschen Wortschöpfungen zum Erhalt und zur Vielfalt unserer schönen Sprache bei. Erwähnt seien hier deshalb auch die *„Vollpfosten-Antenne"* für den Selfie-Stick, der *„Waldapotheker"* für den Drogendealer, *„Vertreterschal"* statt Krawatte, *„Fichtenmoped"* für Motorsäge oder das schmeichelhafte *„Überhangmandat"* für den Bierbauch.

Kleiner Tipp für Fleischdesigner am Rande: Wer den nächsten Medizin-Nobelpreis bekommen will, sollte eine chirurgische Sensation anstreben – die Trennung eines Teenagers von seinem Smartphone.

Fly sein

– Das Jugendwort 2016, von dem eigentlich niemand so genau weiß, was es bedeutet. *„Jemand oder etwas geht besonders ab …“* bieten Linguisten hier als Definition an. Könnte also auch auf Sie passen, sobald Sie im Ruhestand neue Hobbys entdecken, neue Länder bereisen und Welten entdecken, wo noch nie zuvor ein Rentner gewesen ist …

Gammelfleisch-Party

– Gammelfleisch sind in den Augen der Teenager alle Individuen, die langsam mal die Leistungen des Fleischdesigners in Anspruch nehmen sollten. Zeitweise rotten sich diese armen Seelen zusammen, um – abgeschirmt vom kritischen Blick der knackigen Jugend – unter Gleichaltrigen zu feiern oder auf Partnerschau zu gehen. Klingt böse und altersdiskriminierend, doch keine Bange: Hier ist nicht erst Ihre Generation gemeint. Für Teenager zwischen 12 und 17 gelten wohl alle Menschen jenseits der 29 als Gammelfleisch. Zur Gammelfleisch-Party sagte man früher Ü-30-Party und Sie wissen hoffentlich aus Erfahrung, dass man es ohne die biestigen Kleinkinder unter 30 am besten krachen lassen kann.

Glucose-haltig

– neues Jugendwort für „süß“. Es demonstriert die gestörte Beziehung, die anscheinend alle Menschen unter 50 heutzutage zum Essen pflegen. Wo bei Familien-Festessen vor 30 Jahren der honigglasierte Schweineschwartenbraten und die Schwarzwälder Kirschtorte von Tante Emmi alle Esser in kulinarische Hochgefühle versetzte, bleiben jetzt auf der gemeinsamen Tafel nur noch Quinoa, Algen und Tofu übrig. Veganismus und Low Carb sei Dank. Die jungen Leute von heute leben in einer grauenhaften Welt …

Isso

– faule Abkürzung für „Das ist so“ und eine faule Ausrede für alles, was man meint, nicht ändern zu können. Zum Beispiel:

»Opa, ich brauch nix studieren. Ich kann das alles bei Wikipedia nachschauen, wenn ich will. Isso.«

Lauch

– endlich wird zur Abwechslung mal Gemüse diskriminiert! Ein „Lauch" ist gemäß jugendlichem Verständnis ein männliches Individuum von leptosomer Statur und minderbemittelter Natur. Hier fehlt es sowohl an Muskeln als auch an Verstand. Bei Ihnen hieß so jemand früher Schwächling, Krücke oder Nulpe. Wenn Sie ihren Enkel also demnächst dazu motivieren wollen, die Wasserkisten, Kartoffel- und Blumenerdesäcke in den Keller zu wuchten, dann packen Sie ihn bei seiner Männlichkeit:

»Komm Kevin, das schaffst du. Sei kein Lauch!«

Läuft bei dir!

– Anerkennender Ausdruck der positiven Überraschung. Schon längst überholt sind dafür *„krass"* oder *„cool"*. Sie selbst erinnern sich vielleicht noch an die antiken Wendungen *„knorke"*, *„dufte"*, *„astrein"* oder *„erste Sahne"*. Im Grunde vermitteln alle dasselbe: einen beneidenswerten und erstrebenswerten Zustand des Seins. Wenn Sie Ihrem Enkel also erklären, was es mit der Rente so auf sich hat *(„Jeden Tag ausschlafen. Tun, worauf man Lust hat. Geld, ohne zu arbeiten")*, sollte ihr Enkel anerkennend antworten: *„Läuft bei dir, Opa!"*

Lindnern

– hier avanciert die banale Jugendsprache zum politisch-kritischen Moral-Werkzeug. Denn das „Lindnern" verweist auf den FDP-Vorsitzenden Christian Lindner, der nach der Bundestagswahl 2017 bekanntermaßen eine Jamaikakoalition platzen ließ mit dem Kommentar:

»Es ist besser, nicht zu regieren, als falsch zu regieren.«

Damit stand er Pate für ein neues Wort, das ausdrückt, wie jemand lieber etwas komplett vermeidet, als dabei Fehler zu machen.

Nicht nur der arme Christian Lindner wird in der aktuellen Jugendsprache verballhornt, auch andere Promis kriegen ihr Fett weg. Die Bundeskanzlerin wird im Begriff *„Merkules"* mit dem antiken Heroen Herkules fusioniert, was sowohl für das Bewältigen unlösbarer Aufgaben stehen könnte, als auch für ihren kompromisslosen Umgang mit Rivalen in den eigenen Reihen. Nicht ganz so nett ist die Verbform *„merkeln"*, die das Nichtstun durch Herauszögern und Vermeiden einer Entscheidung bezeichnet. Das Verb *„zuckerbergen"* lehnt sich an den Namen des Facebook-Gründers an und meint *„stalken"*. *„Trumpeten"* würdigt die Politik des 45. US-Präsidenten, indem es ausdrückt, dass jemand große Versprechungen tätigt, ohne dabei die Konsequenzen zu bedenken. Wenn man diese Wortschöpfungen hört, könnte man fast glauben, die Teenies von heute wären ähnlich systemkritisch veranlagt wie die 68er-Jahrgänge zu Ihren Zeiten. Allerdings besteht der ernste Verdacht, die betreffenden „Jugendwörter" seien nicht in freier Schulhof-Wildbahn aufgegriffen worden. Wahrscheinlich haben sie die intellektuellen Köpfen des Langenscheidt-Verlags selbst erfunden, um der Wahl zum „Jugendwort des Jahres" neben Originalen wie *„breiern"* (sich übergeben und weiterfeiern) oder *„porno"* (das sagt man jetzt statt „super") etwas mehr Niveau zu verleihen.

Overcut

– das Gegenteil vom „Undercut", einer Trendfrisur, bei der sich attraktive junge Leute beider Geschlechter die Seiten des Schädels fast kahl scheren und nur das Haar am Oberkopf langlassen. Sie erinnern sich vielleicht; diese Mode fand sich gehäuft bei der deutschen Nationalelf von 2014 und in den Jahren zwischen 1933 und 1945. Ein *Overcut* dreht das Prinzip um: Kaum Haare auf der Schädelplatte und dafür Fransen an der Seite. Soll also ein humorvoller Ausdruck für die Glatze sein.

Rant

– kommt aus dem Englischen und heißt so viel wie *„Schimpftirade"* oder *„Gezeter"*. Die heutige Jugend nutzt es für alle Formen verbaler und digitaler Ausraster, wie in:

„Ey Oma, die Mama ist voll am Ranten, weil Opa Tante Jutta die Reise nach Fuerteventura spendiert hat!“

Schatzlos

– so bezeichnet man im Jugendslang die Armen, die noch nicht das passende Boyfriend-Girlfriend-Material aufgetrieben haben. Also die Singles. Schatzlos zu sein ist dabei lange nicht so verpönt wie die Weigerung, sich auf Facebook, Instagram und Twitter herumzutreiben. Wer nicht an den gängigen digitalen Netzwerken teilnimmt, gilt bei Teenies als *„sozialtot“*.

Smombie

– nichts tut die blühende Jugend von heute nämlich lieber als ihre Aufmerksamkeit an jedem beliebigen Ort dem Smartphone-Bildschirm zuzuwenden, um *Banalverkehr* mit ihren *Besties* zu haben. Dass sie dabei eine unansehnliche Wirbelsäulenverkrümmung riskieren, die jeden jugendlichen Adonis in einen neandertalischen Humunkulus verwandelt, scheint sie nicht zu stören. Sieht ja keiner. Denn jeder Smartphone-Zombie (kurz: *„Smombie“*) schlurft isoliert und gebeugten Hauptes seines Weges und riskiert lieber keinen Seitenblick auf Mitmenschen oder Straßenverkehr. Man könnte ja sonst online etwas verpassen. Diese Entwicklung geht so weit, dass einige chinesische Gemeinden bereits Warnschilder vor kreuzenden Smombies aufstellen und separate Spuren auf dem Gehweg für die Digitalkriecher ausweisen.

Swag

– kommt von „to swagger“ (stolzieren) und meint einen Sachverhalt, der durch Lässigkeit, Coolness und Nonchalance glänzt. Jemand, der diese Haltung perfekt verkörpert, also der gemäß Ihres Rotzlöffel-Enkels das genaue Gegenteil von Ihnen darstellt, heißt dann *„Swaggernaut“*.

Tindergarten

– um diesen Begriff zu erklären, muss man weiter ausholen. Es ist ja leider so: Die Jugend von heute scheut den Augenkontakt wie der Teufel das Weihwasser oder wie Donald Trump stichhaltige Fakten. Deshalb müssen sie die absurdesten Umwege gehen, um Kontakte zu knüpfen oder – Gott bewahre! – einen Sexualpartner zu finden. Findige Geschäftsleute verwandeln die Sozialphobie der Teenies in bare Münze, indem sie ihnen ein bazillenfreies Fern-Flirtprogramm auf ihrem Smartphone anbieten. Dabei bekommt der Nutzer Fotos sämtlicher Singles in seinem geografischen Umkreis angezeigt, die ebenfalls bei „Tinder" registriert sind. Wie einst im Kolosseum gibt der User dann sein Urteil ab: „Daumen hoch" oder „Daumen runter". Da sich Herr Zuckerberg von Facebook ja bereits den menschlichen Daumen hat patentieren lassen, drückt man sein Ge- oder Missfallen bei Tinder mit einem lässigen Wischen über den Bildschirm des Smartphones aus. Nach rechts bedeutet *„Sieht aus wie Girlfriend-Boyfriend-Material."* Nach links heißt *„Ihh pfui, ein Glück, dass man sich heutzutage nicht mehr live treffen muss"*. Stimmen zwei Tinder-Nutzer in ihrer positiven Bewertung überein, dürfen sie in Kontakt treten, um ein Treffen zu vereinbaren, bei dem sie dann Dinge tun, die ihre Eltern nicht gutheißen würden. Eine Sammlung dieser auf unverbindliche Kopulation abzielenden Online-Kontakte, heißt bei den Teenies dann *„Tindergarten"*.

„Was für ein Kindergarten!", denken Sie jetzt völlig zu Recht, schließlich musste man zu Ihrer Zeit die Damen noch durch ein großes Auto beeindrucken, galant ansprechen und teuer ausführen. Die unverbindliche Nummer hingegen gab es nur im Dorfbordell und kostete 30 Mark. Tripper inklusive. So erklärt der wahnwitzige Tinderismus der Jugendlichen auch den rasanten Anstieg von Geschlechtskrankheiten in Deutschland. Kein Scherz: Infektionen mit Syphilis, Chlamydien und Gonorrhoe haben sich in den vergangenen 20 Jahren verdrei-, vervier- und verzehnfacht. Wie im Kindergarten eben, wo auch immer die ganze Bande gleichzeitig die Masern bekommt.

Unlügbar

– wenn der Teenie etwas ausdrücken will, dass die Allgemeinheit generell nicht bestreiten kann, sagt er „unlügbar". So wie

»Ey, Kevin ist voll in Cheyenne-Savannah aus der Elften verknallt, das ist unlügbar!«.

Er drückt damit also eine unleugbare Tatsache aus. Moment mal? Unleugbar? ... Ja, liebe Teenies. Für euer Ansinnen gibt es längst ein Wort, das nur zwei andere Buchstaben weit entfernt war, aber weil ihr einfach kulturlos seid und ein Brett vorm Kopf habt, bastelt ihr euch lieber eine schlechtere, neue Version. Ihr seid der Untergang der deutschen Sprache – das ist unlügbar!

Verbuggt

– kommt von „Bug" (Käfer), der in der IT-Sprache einen Fehler im Computersystem bezeichnet. Eine verbuggte Person hat laut Teenie-Meinung so schwere Fehler im Gehirn, dass sie die lebenswichtigen alltäglichen Dinge nicht hinbekommt: Netflixen, Fermentieren und glucose-haltige Sachen konsumieren eben.

Vong

– voilà, das grammatikalische Glanzstück der Jugendsprache! Mit der Allzweckwaffe *„vong ... her"* werden Genitiv, Dativ und Akkusativ gleichzeitig überflüssig. Möchte der Teenie beispielsweise ausdrücken, dass er Cheyenne-Savannahs neuen Undercut besonders attraktiv findet (Akkusativ. Wir erinnern uns an die 3. Klasse: *Wen oder was* findet der Teenie attraktiv?), sagt er

»Die Cheyenne-Savannah find ich voll hübsch vong Frisur her.«

Auch Genitiv-Konstruktionen sind problemlos möglich. Will der Teenie ausdrücken, dass er aufgrund seine**s** mangelhaft**en** Intellekt**es** (Genitiv!) die geforderte mathematische Aufgabe nicht lösen kann, sagt er:

»Das kann ich nicht vong Gehirn her.«

Und schließlich kann er auf die Frage, wo er denn in drei Teufels Namen um 4 Uhr morgens gerade herkäme, praktischerweise antworten: **„Vong draußen her."**

Wack

– wack ist so ungefähr das Gegenteil von *swag*. Personen oder Zustände, die schlecht, mies oder bescheuert sind, können damit locker charakterisiert werden. Zum Beispiel ist die Tatsache *„voll wack"*, dass der arme Teenie in seinem Rentenalter wahrscheinlich nur einen Bruchteil der staatlichen Rentenzahlung erhalten wird, wie Sie aktuell. Wack ist auch, dass der Youngster sich aufgrund der Klimaerwärmung im Rentenalter wahrscheinlich eine neue Bleibe suchen muss, weil im Jahre 2070 Sturmfluten an der Küste, Sturzfluten im Gebirge und Flusshochwasser im Rest des Landes weite Teile Deutschlands unbewohnbar machen werden. Dagegen können Sie jetzt voll den *Swaggernauten* raushängen lassen und friedlich Ihre Rente genießen.

YOLO, der Lebensstil einer verplanten Generation

YOLO – dieses Akronym steht für das Altmodische *„Man lebt schließlich nur einmal"*, neudeutsch: *„You only live once"*. Es dient der Jugend zur Rechtfertigung diverser Schandtaten gegen Körper, Seele und gesunden Menschenverstand. So wie Einhorn-Tattoos, Piercings in der Nasenwurzel, Tripper ... äh ... Tinder und die Idee, die Schule zu verlassen, um mit Kevin und Cheyenne-Savannah ein Start-up für Hundeyoga-Mode aufzubauen. Letzteres meint keine Haremshosen aus Hundefell. Sondern niedliche lila Turbane und Lätzchen mit dem Aufdruck „*Namaste*", die man seinem Chihuahua für das gemeinsame Yoga anziehen kann. Damit kommt man dann auf Instagram rüber wie ein tierisches Traumpaar.

So weit, so ungut, denn die jungen Leute werden nicht durch überbordende Kreativität angetrieben, sondern hetzen von einem Unfug zum nächsten, wie panische Karnickel auf der Flucht. Sie leiden nämlich an einer Angst, die jeglichen Versuch, ein produktives und erfüllendes Leben zu führen, gnadenlos zunichtemacht. Diese Angst gleicht einer geistigen Behinderung und überbietet Ihre Rücken-, Knie- oder Gallenprobleme als Rentner in ihrer Gravität locker. Auch für diese spezielle Angst der Jugend liefern die Medien das schicke Akronym gleich mit: Sie nennt sich FOMO. Und meint, die panische Angst davor, etwas zu verpassen (*Fear of missing out*).

FOMO treibt den Teenie in die Nadel des Einhorn-Tätowierers, allein deshalb, weil Cheyenne-Savannah sich ja letztens auch so ein Einhorn auf die Arschbacke hat stechen lassen und damit auf ihrem Tinder-Profil viel Lob geerntet hat. Da will man ja nicht hinterherhinken. Aber ist das Einhorn auch das Nonplusultra? Denn Justin-Bieber-Porträt, das Alina-Michelle jetzt auf der Haut trägt, ist eben auch nicht zu verachten. Nun ja, man hat ja noch die zweite Arschbacke.

Die Teenies von heute haben schließlich die Qual der Wahl. Sie sind hin- und hergerissen, ob sie jetzt die Sache mit der Hundemode verfolgen sollten oder doch ein Leben als digitaler Nomade anstreben.

> »Lukas-Ole hat letztens erzählt, sein älterer Bruder möchte in die Innere Mongolei reisen, um dort den Markt für vegane Burgerbuletten zu sondieren. Das wär ja vielleicht auch was. Oder irgendwas mit Kindern oder Tieren halt. Und nachhaltig. Wegen Klimawandel und so. Vielleicht eine Tagesstätte für Koalabären-Waisen?"

Man sieht, im Überfluss der Perspektiven geraten die lieben Kleinen schnell in eine Entscheidungsparalyse. Schlussendlich können sie sich nur dazu durchringen, den Nachmittag lang mit Lukas-Ole und Cheyenne-Savannah in Opas Hobbykeller zu fermentieren.

Kein Wunder, dass die Orientierungslosigkeit der Generation Z auch nicht geheilt wird, wenn die Bälger im Alter von 18 auf den Arbeitsmarkt losgelassen werden. Von einem Praktikumsplatz erwarten Kevin und Melina, dass er perfekt in ihre Work-Life-Balance passt. Er sollte ihnen abwechslungsreiche und verantwortungsvolle Aufgaben zuweisen, deren nicht zu anstrengende Absolvierung ihnen reichlich soziale Anerkennung und Social-Media-Applaus einbringt. Erinnern Sie sich mal an Ihren ersten Job. Wo Sie damals Kaffee gekocht, Klos geputzt und Chefs Auto gewaschen haben, wollen die Rotzlöffel von heute als Assistent des CEO einer NGO auf den Weltklimagipfel reisen und sich wichtig fühlen. Aber bitte nur bis Freitag um 13.30 Uhr, denn dann treffen sie sich mit ihren Besties auf einen glutenfreien Soya-Latte in diesem swaggen Hipster-Café.

Mit ihrer laxen Haltung erzürnt die Generation Z jene Arbeitswelt, aus der Sie sich just in den Ruhestand verabschiedet haben. Der selbst noch junge (gerade einmal 40!) Chef eines Hamburger

IT-Unternehmens gestand neulich im Interview, dass er Jugenddiskriminierung betreibe. Menschen unter 25 bekämen bei ihm aus Prinzip keine Anstellung, denn:

»Wer um 16 Uhr zum Yoga muss, ist uns keine Hilfe!«

Richtig so! So etwas hätte es bei Ihnen damals auch nicht gegeben! Erinnern Sie sich noch, wie Sie sich für Ihre Karriere engagiert haben? Was hätte Ihr Chef gesagt, wenn Sie ihn um ein „Sabbatical" gebeten hätte, damit Sie sich ein zweites Standbein als Hundeyoga-Lehrer oder Koalazüchter aufbauen können? Wie hätte Ihre Frau es gefunden, wenn Sie am Wochenende lieber hätten *fermentieren* wollen, anstatt den Komposthaufen im Garten anzulegen? Wie hätten Sie als Mann reagiert, wenn Ihre Gattin Ihnen eröffnet hätte, dass sie Sie und die Kinder verlassen wolle, um sich auf Bali für den nachhaltigen Anbau von Schwarzwurzeln starkzumachen.

Und überhaupt – die Ehe: Die FOMO-geplagten Kinder haben heutzutage natürlich größte Schwierigkeiten, den richtigen Partner fürs Leben zu finden, weil sie sich nur im Tindergarten herumtreiben. Da hat Kevin schließlich die Wahl zwischen Cheyenne-Savannah, Melina-Jolie, Lukas-Ole und Myriaden von anderen Altersgenossen, die sehr flexibel in ihrer Partnerwahl, ihrer sexuellen Orientierung und ihrer Geschlechtsidentität sind. Natürlich geht aus diesen Verbindungen kaum eine Goldene Hochzeit hervor, sondern man geht schnell wieder getrennter Wege: der eine nach La Réunion zum veganen Tauchen und der/die/das andere in die Mongolei als Ziegen-Ostheopath. Von wegen *„durch dick und dünn, bis der Tod uns scheidet"!* Im Gegenteil: Vong Verantwortung her haben die Rotzlöffel wirklich noch viel zu lernen.

Doch man sollte den Kleinen Ihre Schwäche nicht zu scharf vorwerfen – die Welt um sie herum mutiert dank der Globalisierung zu einem verwirrenden Irrenhaus, in dem sich die persönlichen Perspektiven zunehmend auflösen. Ihre Enkel haben weder die Gewissheit, in einem Beruf 40 Jahre lang gebraucht zu werden, noch die Aussicht, später irgendeine Form staatlicher Rente zu kassieren. Alles Privilegien, die Sie höchstwahrscheinlich genießen durften und dürfen. Heutzutage kann niemand sicher sein, ob die erlerne Tätigkeit nicht in ein paar Jahren von Robotern und KI billiger und besser ausgefüllt wird. Kein Wunder, dass sich die Kinder nicht entscheiden können, ob sie sich jetzt als Unternehmensberater, Meditationscoach oder Computerprogrammierer verdingen wollen. Bei all der Verwirrung erscheint den lieben Jugendlichen nur noch ein Ausweg: Sarkasmus. Hilflos mimen sie, distanziert und cool zu sein, und drangsalieren ihre Umwelt mit Geheimsprache und lässigen Sprüchen, die stets das Gegenteil meinen.

Rentner vs. Teenie: Lebenserfahrung gewinnt!

Wie kann man den frechen Rotznasen am besten beikommen? Genau! Schlagen Sie sie mit ihren eigenen Waffen. Üben Sie sich in Schlagfertigkeit. Legen Sie den naiven Wunsch ab, selbst auch noch einmal so jung sein zu wollen wie die lethargischen Teenies. Sie haben ihnen doch einiges voraus: ein echtes Leben nämlich. Kevin, Cheyenne und Lukas-Ole bemühen sich verzweifelt darum, diesen Standard zu erreichen. Zum Beispiel praktizieren viele junge Menschen heutzutage „Dopamin-Fasten", indem sie alle digitalen Geräte abschalten, um ihre Genussfähigkeit zu trainieren. Der Rentner von heute erlebte in den 1960ern noch echte Langeweile, weil es den ganzen Digital-Killefit nicht gab. Die Jugend bucht Outdoor Camps und Adventure Retreats, um ihren abgehobenen Kopf wieder zu erden. Der Ruheständler wurde in seiner Kindheit noch in den Wald gejagt und sollte Holz sammeln, damit die Bude nicht kalt blieb. Und Sie als Rentner wissen aus Lebenserfahrung, wie man Freundschaften aufrechterhält, ohne sich täglich mit WhatsApp-Nachrichten zu überfluten. Eine Fähigkeit, die die heutige Jugend als psychologische Meisterleistung bestaunt.

Zu guter Letzt haben Sie, wenn Sie aktuell in Rente gehen, statistisch gesehen, mehr Geld als alle anderen in Ihrer Familie. Zumindest, wenn man Inflation und Kaufkraft berücksichtigt. Die Generation, die ab 1980 geboren wurde – das sind wahrscheinlich Ihre Kinder – ist in Deutschland die erste Generation, die es nicht mehr schaffte, den Lebensstil ihrer Eltern zu übertreffen. Das macht SIE zur goldenen Generation dieses Landes; der Generation, die den Gipfel des Wohlstandes erleben durfte. Also, es gibt einen Haufen Gründe, den sarkastischen Teenies kontra zu geben, wenn die sich mal wieder im Ton vergreifen. Lassen Sie, wenn Ihr Enkel sich mal wieder stundenlang Smartphone-Sucht und verbalem Banalverkehr widmet, einfach locker fallen:

> »Ach Facebook, WhatsApp und Tinder hatten wir ja früher leider nicht! ..Wir hatten nur super Job-Aussichten, unberührte Natur und echte Freunde!«

Wenn Ihr Enkel die Augen rollt, weil Sie Ihr Smartphone in Altersweitsichtigkeit am langen Arm halten, erklären Sie nett:

»Buchstaben kann ich nicht mehr so gut aus der Näher sehen – Idioten erkenne ich dafür aber schon aus der Ferne!«

Und falls Ihr Teenie-Enkel sich darüber amüsiert, dass Sie wenig versiert darin sind, Ihre Textnachrichten mit den plakativen Gefühlsbildchen namens Emojis zu bestücken, dann entgegnen Sie:

»Früher gab es keine Emojis. Wir haben noch selbst gelacht. Solltest du auch mal versuchen!«

Auch über die Ernährungsgewohnheiten des Nachwuchses lässt es sich gut spotten: Erwischen Sie Ihren Enkel mit einer dieser Flaschen, in der pastellfarbener Obstbrei als Szenegetränk für unverschämte Preise feilgeboten wird, bemerken Sie entsetzt:

»Was soll das sein? Ein Smoothie?? Zum Glück kann ich mein Obst noch selbst kauen!«

Falls die liebe Jugend da an exaltierten Geschmackskreationen wie Seetang-Kürbiskern, Grüntee-Anchovi oder Pikachu 3000 nuckelt, dann spötteln Sie: **»Das grenzt ja an spätrömische Dekadenz. Wir waren früher mit »süß« und »salzig« zufrieden!«**

Und wenn die Blagen Ihnen dann ernsthaft erklären wollen, dass Sie sich mal locker machen sollten, weil doch heutzutage alle diesen wundervollen Unsinn mitmachen, der „im Trend“ liegt, dann entgegnen Sie ganz lässig:

»Trend? Ach Junge, das lohnt nicht mehr. Ich ziehe jetzt diese uncoole Masche bis zum Schluss durch und darf dafür ganz stressfrei leben!«

ICH HOLE EIS. WAS HÄTTET IHR GERN?
SCHOKOLADE UND VANILLE
PISTAZIE MIT SCHOKOSTREUSELN

ICH HAB´S GEAHNT! DU HAST DIE MAYO VERGESSEN!

»Du bist doch jetzt Rentner ... “ – wenn Großeltern als Babysitter herhalten sollen

Sie sehen – die Unterhaltung mit Teenagern des 21. Jahrhunderts macht viel Freude! Doch vielleicht sind Sie noch gar nicht in den Genuss gekommen. Denn Ihre Kinder, die Millennials (Jahrgänge 1980 bis 2000), lassen sich vielleicht viel Zeit damit, selbst Kinder zu bekommen. Wenn Sie also Glück haben, dann können Ihre Enkel ihr Alter erst an einer Hand abzählen und irritieren Ihre Großeltern noch nicht mit kryptischen Wendungen der Teenie-Sprache. Stattdessen sabbern sie noch vor sich hin und können glücklich strahlen, wenn sie überhaupt ein verständliches Wort zustandebringen. Ein Zustand, der gern länger andauern dürfte.

Wäre da nicht ... der plötzliche Einfall Ihrer Kinder, Sie würden sich im Ruhestand darüber freuen, wenn Sie öfter mal den Babysitter spielen dürften. Am besten regelmäßig. Damit Sie endlich einen Sinn in Ihrem neuen Rentner-Leben finden.

Ihre Kinder maßen sich an, dass ihr Selbstgeborenes Ihnen nun ebenso viel Sinn stiften könnte, wie Jahrzehnte der produktiven Arbeit, ein Netzwerk von Kunden- und Fachkontakten, und das Gefühl, etwas wirklich Wichtiges zur Gesellschaft beizusteuern.

Nicht falsch verstehen. Kleinkind-Enkel sind zuckersüß und heben die Stimmung, wenn man sie zu Weihnachten rotbackig und großäugig mit Geschenken und Leckereien verwöhnen kann ... und wenn sich ihre Eltern hinterher um das Erbrochene im Bettchen kümmern müssen. Sie können den Kleinen problemlos alles schenken, was Ihre eigenen Kinder nie bekommen durften (z. B. ein Mini-Schlagzeug mit großen Soundeffekten), weil Sie selbst außerhalb der Gefahrenzone leben. Doch regelmäßiges Beaufsichtigen von Kleinkindern gehört da in eine ganz andere Gefahrenklasse. Das erfordert Konzentration, Durchhaltevermögen und Verantwortungsgefühl.

Wer würde sich diese Verantwortung im Ruhestand gern freiwillig auf die Schultern laden? Nicht, dass Sie nicht wüssten, wie man „Verantwortung“ schreibt. Immerhin müssen Sie noch heute, 30

Jahre später, den Schlaf nachholen, den Ihnen Ihr Kind als Säugling gestohlen hat. Und nun möchte Ihnen eben dieses Kind wieder einen potenziellen Schlafkiller und Nervbolzen im Enkelpelz unterschieben. Das kommt überhaupt nicht in die Tüte.

Jetzt können Sie Ihrem Kind und seinem Schwieger-Pendant ja den Wunsch nach Enkelsitting nicht einfach grob abschlagen. Schließlich wollen Sie in der Familie weiterhin zurecht das Etikett eines zuverlässigen Helfers in der Not tragen. Zur Abwehr der Kleinkinderplage brauchen wir also eine subtilere Methode. Der Trick besteht darin, sich in den Augen der Eltern als Babysitter zu disqualifizieren. Dazu braucht es Fantasie und Strategie. Versuchen Sie doch einen der folgenden Ansätze:

Pädagogisch unvorteilhafte Sprache einstreuen

Bevor sie der Jugendsprache verfallen, sind Enkel in einem Alter, in dem sie alles Gehörte gern und oft nachplappern. Machen Sie sich das für Ihre Zwecke zunutze. Zum Beispiel könnten Sie bei jeder passenden und unpassenden Gelegenheit einfach mal das Sch***-Wort einstreuen und abwarten, ob ihr Enkelchen es anschließend gern Mama und Papa vorführen möchte. Beachten Sie dabei: Bei der Generation Ihrer Kinder sind Flüche lange nicht so verpönt wie politische Inkorrektheiten aller Couleur. Noch effektiver ist es deshalb, das Vokabular Ihres Kleinkind-Enkels mit Perlen wie *„Negerkuss“*, *„Zigeunerschnitzel“* oder *„Klimalüge“* zu bereichern. Oder singen Sie mit dem Kind. Der Klassiker *„Zehn kleine Negerlein“* prägt sich gut ein und gilt heutzutage nicht nur als rassistisch, sondern auch als untragbare Gewaltverherrlichung. Diesem polarisierenden Deutschunterricht fürs Enkelchen werden die Eltern in Zukunft lieber aus dem Weg gehen.

Den Gegner aushorchen

Diese Taktik eignet sich für indiskrete Großmütter besonders gut. Befragen Sie den kleinen Fratz, der bei Ihnen abgeladen wurde, detailliert über das heimische Familienleben aus. Soso, die Mama kocht gern Tiefkühlkost? Der Papa hantiert im Beisein der Kinder mit einer Stichsäge? Der Postbote hat letztens der Mama die Briefe bis ins Schlafzimmer getragen? Diese Geschichten können Sie das nächste Mal den Kindeseltern gegenüber in vertraulich-kritischem Ton ansprechen und ihre elterlichen Ratschläge anbieten. Sobald Ihre Kinder merken, dass Sie Ihren Enkel als Maulwurf hinter den gegnerischen Linien einsetzen, entziehen Sie Ihnen schnell wieder die Babysitter-Lizenz.

Spirituelle Helfer

Mit diesem Klassiker erschreckten schon Großmütter früherer Generationen gern ihre erwachsenen Kinder. Den Enkeln im Grundschulalter wurden Eierlikör, Kirschlikör und Mon Cherie gefüttert und wenn deren Mütter sich aufregten, hieß es:

> »Was redest du denn von Alkohol?? Das sind doch nur Naschereien, mein Schatz. Die Kleinen sind verrückt danach!«

Opa Heinz dagegen war der festen Überzeugung, dass jeder 8-jährige Junge beim Familienfest ein Bier und eine Zigarette bewältigen müsste; quasi als Initiationsritual. Falls Sie hier Skrupel haben, die hochprozentigen Geschütze gegen Ihre Enkel aufzufahren, weil mittlerweile klar ist, dass Drogen nicht förderlich für die kindlichen Gehirnzellen sind, dann servieren Sie Ihrem Enkel alkoholfreies Bier oder nicht-alkoholischen Sekt. Hier braucht es keine Prozente – allein das aufregende Erlebnis beim Enkel und der Schreck bei seinen Eltern zählen.

Bingo, Lotto und Co

Die Kinder von heute schlittern mit dem ersten Smartphone in die Abhängigkeit. Beliebte Video-Spiele wie Candy Crush sind extra dafür designt, dem Spieler wie einem Junkie laufend kleine Glückshormon-Spritzen zu verpassen, damit er süchtig wird und sich zu einem späteren Zeitpunkt willig finanziell ausnehmen lässt. Falls Sie keine Lust haben, diesen Digital-Humbug extra dafür zu erlernen, damit Sie Ihr Enkelkind damit verderben können, wählen Sie den analogen Weg. Denn Lottokreuzchen und Rubbellose funktionieren schon bei Kleinkindern, die gerade rudimentäre motorische Fähigkeiten entwickeln. Ihren Enkel glücksspielsüchtig zu machen, erfordert natürlich kleine finanzielle Investitionen Ihrerseits – doch, wenn der Knirps seinen Eltern erst einmal in jedem Supermarkt in den Ohren liegt, dass er Lose kaufen will, dann ändern die Erziehungsberechtigten schnell ihre Meinung darüber, ob Sie ein geeigneter Babysitter sind.

Gebt den Kindern das kulinarische Kommando!

Wenn Sie keine Lust haben, Ihren Ruhestand mit Babysitten zu verplempern, dann motivieren Sie Ihren Enkel zu mehr Anarchie in der Küche. Dazu gehen Sie mit dem Vorschulkind einkaufen und lassen sie es selbst entscheiden, was es zum Mittagessen geben soll. Vertrauen Sie dem Kleinen dabei die kreative Leitung an und lassen Sie sich überraschen, nach welchen Köstlichkeiten sein Gourmet-Zünglein verlangt: Pommes mit Schokoladensoße, Wackelpudding mit Zuckerstreusel-Topping oder Schaumküsse im Blätterteig-Schlafrock. Wenn das kleine Schweinchen sich erst mal daran gewöhnt hat, dass es seinen Willen bekommt, schwindet seine Toleranz gegenüber Mutters Küche dramatisch. Wenn dann daheim der Brokkoli unter Protestgeschrei an die Wand fliegt, machen Sie sich als Babysitter rasch unbeliebt. Eine besonders intensive Schockwirkung hat diese Taktik bei allen ernährungsbewussten Eltern, die ihre Sprösslinge ohnehin nur mit Sprossen füttern, und das in veganer, glutenfreier und laktosefreier Ausführung. Da genügt es häufig schon, dem Enkel beim Abschied unbemerkt ein Snickers-Einwickelpapier in die Jackentasche zu stecken, um den Familienfrieden so sehr zu strapazieren, dass Babysitten erst mal nicht mehr zur Debatte steht.

Digitaler Overkill

Man höre und staune: IT-Größen wie Marc Zuckerberg oder Bill Gates schicken ihre eigenen

Kinder auf Schulen, in denen man noch mit Kreide an die Tafel schreibt und wo jeder digitale Monitor draußen bleiben muss. Kein Wunder, denn die Herren wissen wohl am besten, wie toxisch Digitalmedien und Computer auf das Hirn wirken – schließlich verdienen sie Milliarden durch abhängige Smombies. Konsequenterweise gibt es auch unter heutigen Eltern die Devise „back to the roots", in der die Vorschulkinder die Bäume noch selbst zu Papier kauen müssen, um darauf mit Palmöl-freien Wachsmalstiften die ersten krakeligen Buchstaben zu versuchen. Wenn Ihr Kind zu dieser Öko-Fraktion zählt, dann sollte Ihnen die Befreiung von der Babysitter-Bürde schnell gelingen. Verwandeln Sie ihr Haus in ein technisches Horrorkabinett. Lassen Sie den Fernseher pausenlos laufen, wenn Ihr Enkel sie besucht, und leihen Sie sich idealerweise Spielkonsolen, Tablets und Gameboy von Ihren Nachbarn. Sie wissen nicht, wie viele Funktionen Ihr Smartphone außer Telefonieren und Fotografieren überhaupt hat? Kein Problem! Drücken Sie es Ihrem Enkelchen in die Hand – die Bengel heutzutage tragen das Daddel-Gen im Erbgut und entschlüsseln jeden Digital-Klimbim im Nu. Wenn Ihr Enkel dann mit eckigen Augen und Elektronik-Heißhunger nach Hause kommt, vergeht seinen Eltern schnell das Lachen und Sie scheiden als Babysitter in Zukunft aus.

Wünsche forcieren

Ein Hund, ein Pferd, ein Schlagzeug – die Hobbywünsche kleiner Kinder decken sich nicht unbedingt mit der zeitlichen und nervlichen Belastbarkeit Ihrer Eltern. Machen Sie sich das zunutze, indem Sie die Begehrlichkeiten des Knirpses strategisch füttern. Besuchen Sie mit dem tierlieben Kind öfter mal ein Tierheim oder schenken Sie ihm eine putzige schwarz-weiß-gefleckte Ratte. Farbratten kosten im Zoohandel gerade einmal 20 Euro, zahlen sich aber vielfach aus, wenn die Eltern das Tier im Rucksack Ihres Enkels entdecken.

Kleinen Musikanten können Sie ebenfalls beim Verwirklichen Ihrer Wünsche unter die Arme greifen. Sie müssen das Schlagzeug gar nicht kaufen – es genügt schon, wenn Ihr Enkel sich im Hobbykeller Ihres Bekannten austoben kann, der Drummer in der örtlichen 80er-Jahre-Cover-Band ist. Hochmotiviert wird das Enkelchen seine genialen Künste den Eltern daheim auf Töpfen und

Pfannen demonstrieren wollen und den Wunsch nach einem Schlagzeug für Jahre an die Top-Position aller Geburtstags- und Weihnachtswunschlisten setzen. Inklusive täglicher Erinnerung an die lieben Eltern an den übrigen 363 Tagen. Bei diesem Spaß werden seine Eltern noch einmal ernsthaft über Ihre Qualifikation als Babysitter nachdenken.

Schießen Sie den Vogel ab!

Eine besonders martialische Taktik, sich als Babysitter zu disqualifizieren, verfolgte Rentner Siegfried (67). Als er seinen 6-jährigen Enkel Paul beaufsichtigen sollte, führte er dem staunenden Jungen zuerst seine Waffensammlung vor.

> *»Diese Kollektion, mein lieber Paul, wirst auch du eines Tages besitzen. Ich vererbe sie dir, wie sie mir mein Vater, ein Veteran des Zweiten Weltkrieges, vererbt hat.«*

Klein-Paul machte tellergroße Augen und durfte den ungeladenen Trommelrevolver sogar selbst halten und sich von Opa genau den Mechanismus erklären lassen. Anschließend veranstaltete der Großvater dann eine Live-Demonstration, in der er den Dreikäsehoch hinten im Garten mit dem Luftgewehr auf Konservenbüchsen schießen ließ. In einem ruhigen Vorort von Gelsenkirchen wohlgemerkt – aber natürlich mit Opas tatkräftiger Unterstützung: Er half dem kleinen Steppke dabei, das schwere Gewehr zu halten, damit die Munition nicht nebenan in Frau Müllers Blumentöpfen landete oder womöglich in Frau Müller. Sie können sich vorstellen – nachdem ihr Spross sein Erlebnis lebhaft schilderte, brachte Pauls Mutter den Kleinen nicht mehr so bald bei Opa vorbei.

Mit Empathie glänzen

Wenn Ihnen die Schwiegertochter mal wieder ihr Leid klagt, weil sie den kleinen Julian-Leander und die kleine Lyz-Amelie jeden Werktag pünktlich zu unterschiedlichen Begabtenschulen bringen muss, dann verbirgt sich darin sicher die Aufforderung, Sie mögen der gestressten Mutter doch einige der Taxifahrten abzunehmen, wo Sie doch jetzt so viel Zeit haben, weil Sie im Ruhestand sind.

Lassen Sie sich nicht aufs Glatteis führen, sondern entgegnen Sie stattdessen ruhig:

»Also wir sind früher nicht mit dem SUV zur Schule chauffiert worden. Du musst bedenken, damals war ja noch nicht mal das Rad erfunden. Nachdem wir die Tyrannosaurier aus dem Vorgarten verscheucht hatten, mussten wir jeden Morgen mit Bauklötzen an den Füßen zur Schule fahren. Das macht stark fürs Leben, glaube mir. Lass die kleinen Fratze doch mal zu Fuß laufen, Liebes. Nicht das sie verweichlichen. Die Armen werden ja in zwanzig Jahren mit ihren Altersgenossen hart um die paar verbliebenen Jobs kämpfen müssen. Du hast doch sicher schon gehört: KI und Digitalisierung machen in Zukunft rund 60 Prozent aller Arbeitsplätze überflüssig!«

Noch mitfühlender wirken Sie, wenn Sie die medizinischen Probleme Ihres Enkels mit seinen Eltern pragmatisch diskutieren:

»ADHS? Also, wenn wir als Kinder früher ADHS hatten, bekamen eine Ohrfeige links und eine rechts – dann ging es uns wieder besser!«

Online-Rentner und Silver Surfer

Skandalöserweise gilt die Kombination von Ruheständlern und der digitalen Welt immer noch als gestörte Beziehung. Sie bietet Anlass für Witze: *„Täglich verschwinden Rentner im Internet, weil sie ALT und ENTF drücken – haha"* und sie inspiriert zu rührseligen Spiegel-Artikel, in denen der 50-jährige Redakteur berichtet, wie er seiner 75-jährigen Mutter ein Tablet zu Weihnachten schenkt, damit sie sich die Langeweile im Altenheim mit Candy Crush versüßen kann. Hier wirkt es, als bringe die junge Generation die Annehmlichkeiten des Internets zu den Senioren wie Kolumbus einst Messer und Gabeln zu den unzivilisierten Bewohnern Amerikas.

Dabei ist das Vorurteil des internetophoben Rentners völlig überholt. Nein, nicht jeder Mensch über 65 leidet beim Arbeiten am PC ständig unter der diffusen Angst, mit einem falschen Klick „das Internet zu löschen", und Rentner interessieren sich im Netz durchaus für mehr als die Online-Präsenz der Apotheken-Umschau. Zum Beispiel für *brokenlifts.org*, wo Menschen mit Rollatoren nachschauen können, welche Berliner Bahn-Aufzüge gerade außer Betrieb sind.

Nein, Spaß beiseite: Wenn Sie aktuell in den Ruhestand gehen, ist es mehr als unwahrscheinlich, dass Sie noch nicht mit dem Internet zusammengestoßen sind. Immerhin besteht diese Einrichtung in Deutschland seit 1989 und hat sich seitdem schneller verbreitet als Influenza und Corona-Virus. Zugegeben, zu Beginn herrschte im analogen Deutschland noch die Selbstwahrnehmung eines Drittlandes, das auf digitale Entwicklungshilfe angewiesen sei. Bundespräsident Richard von Weizsäcker beschwor damals öffentlich, dass unser Ziel sein müsse, jedem hinterletzten Kaff den „Zugang zur Datenautobahn" ebnen zu müssen.

Was soll man da sagen? Ziel erreicht! Heute nutzen hierzulande etwa 89 Prozent der Bevölkerung in Deutschland das World Wide Web. Die 11 abtrünnigen Prozente sind eigentlich nur mit Kleinkindern und pflegebedürftigen Greisen zu erklären, die zwar unter der Bettdecke Candy Crush spielen, es verbal aber noch nicht bzw. nicht mehr artikulieren können. Damit sind wir echten Entwicklungsländern wie dem Kongo (3 Prozent Internetnutzer), Burundi (1,5 Prozent Internetnutzer) und Italien (65 Prozent Internetnutzer) weit voraus.

Lange Rede, kurzer Sinn: Sie haben in Ihrem Arbeitsleben mit hoher Wahrscheinlichkeit die digitalen Pfade und Autobahnen des Internets beschritten und brauchen keine Einsteigerkurse für Senioren, in denen Ihnen Zivildienstleistende erklären, wie man einen digitalen Brief schreibt („*Das heißt heute E-Mail …*“). Die Frage ist allerdings, ob Sie bereits alle Finessen und Schabernäcke beherrschen, derer man sich als Rentner zur persönlichen Kurzweil im Netz bedienen kann … Falls nicht, lernen Sie sie hier:

Skype, FaceTime und Co. – wie Sie Freundschaften pflegen und Ihre Kinder kontrollieren

Wie so oft beginnt die Geschichte mit den lieben Kindern. Da hat man die Kleinen im mühsam finanzierten Eigenheim großgezogen und ihnen ein großzügiges monatliches Salär gezahlt, damit sie in der nächstgrößeren Stadt ein unaussprechliches englisches Fach studieren konnten (*International Managing Engineering Marketing* oder so) – nur damit die undankbare Brut mit ihrem Abschluss in der Tasche dann ins Ausland abdampft, z. B. nach London oder Bayern. Ab diesem Zeitpunkt ward der Spross kaum mehr gesehen, außer vielleicht alle paar Jahre zu Weihnachten. Infolgedessen müssen Sie als Elternteil sämtliche Ihrer naturgegebenen Privilegien, wie etwa ungebetene Ratschläge zur Lebensplanung, hanebüchene Styling-Tipps und anachronistische Eheberatung, in die wenigen Feiertage quetschen. Das erhöht nicht nur den Feiertagsstress, sondern schadet auch Ihrer Kreativität. Denn schließlich kommen Ihnen in der Muße des Rentner-Alltags jetzt viel häufiger Ideen, wie Sie Julian und Katharina noch mit elterlicher Bevormundung auf den rechten Weg abdrängen könnten – immerhin sind beide schon Mitte 30 und haben selbst Kinder, da wird es höchste Zeit, dass aus ihnen noch etwas wird.

Viele Eltern reagieren in dieser Situation, in denen sich die Kinder mutwillig ihrem Wirkungskreis entzogen haben, mit jammernder Frustration:

»Du rufst so selten an, mein Schatz! Ich sehe dich doch nicht mehr so oft !«

Die Kinder hingegen wollen ihre Schuldgefühle unterdrücken, indem sie ihre Rentner-Eltern als rückständig hinstellen: Sie betonen, heutzutage würde eben nicht mehr so viel telefoniert und verreist, weil es moderne Kommunikationskanäle wie FaceTime und Skype gäbe. Vielleicht lässt sich der Sohn oder die Tochter sogar dazu hinreißen, Ihnen die betreffenden Apps zu installieren, damit endlich Ruhe ist.

An dieser Stelle sollten Sie sich unbedingt in die Programme einarbeiten, denn die Video-Telefonie bietet Ihnen ungeahnte Möglichkeiten der Steuerung und Kontrolle Ihrer Familienmitglieder in der Ferne. Ab jetzt müssen Sie nicht mehr jedes Wort glauben, wenn Sie Ihr Kind in die knisternde Leitung des Fernsprechers fragen

»Passt dir der hübsche Pullover, den ich dir zu Weihnachten geschickt habe?«

Nein, Sie können den Anblick ab jetzt live und in HD überprüfen. Dabei dürfen Sie dann genüsslich feststellen, dass der graue Grobstrick ganz chic mit den immer grauer werdenden Schläfen Ihres Sohnes harmoniert *(„In deinem Alter waren meine Haare aber noch dunkel. Isst du auch genug Vitamine?“*). Darüber hinaus können Sie kritisch anmerken, dass der Pulli sich gefährlich über die Bauchregion spannt, wo Ihr Spross wohl das eine oder andere Feierabendbier zu viel gebunkert hat. Prompt ist eine klärende Nachfrage fällig:

»Ich dachte, du arbeitest so viel? Hast du denn überhaupt noch Zeit zum Feiern?«

Auch Mutter-Tochter-Gespräche werden per Videokonferenz gleich viel amüsanter. Ein Anruf zur Mittagszeit etwa birgt die Gelegenheit, sich ungeniert über die Kochkünste Ihrer Tochter zu informieren

»Zeig mal her. Hast du das nach meinem Rezept gekocht? Sieht viel zu braun aus. Das hätte mindestens fünf Minuten eher aus dem Ofen gekonnt!«

Wahlweise lässt sich auch die Sauberkeit der Wohnung (*„Sind das Staubflusen da oben an der Decke?“*) oder die des Enkels (*„Gab´s heute Schokoladenpudding??“*) überprüfen.

Apropos Enkel: Die skypen im Vorschulalter auch gern mit Oma und Opa, um ihnen ihr neustes überflüssiges Technikspielzeug vorzuführen. Auf diese Weise erfahren Sie aus erster Hand, in welche Verdummungsmaßnahme Ihre großzügigen Überweisungen fließen, die Sie alljährlich zu Weihnachten und zu den Geburtstagen tätigen. Eigentlich sollte man den digitalen Medien dankbar sein für ihre neuen Überwachungstechniken.

Wohnt man dagegen nur 30 Kilometer von den Kindern entfernt, dann sieht man sich vielleicht einmal im Monat live – aber die Kinder können weiß der Geier was veranstalten, um ihre tatsächlichen Lebensverhältnisse zu verschleiern. Da wird vor dem Elternbesuch mal eben das Wohnzimmer neu gestrichen, dem Enkel das Piercing ausgestöpselt und die Tattoos überschminkt und der Dobermann gegen einen Golden Retriever getauscht. Aber per Skype – keine Chance! Endlich können Sie den erschreckenden familiären Fakten und Verschwörungen auf die Schliche kommen, die ihre Nachkommenschaft und vielleicht sogar Ihre Ehefrau immer vor Ihnen verbergen wollten;

> »Hallo Julia! Im Hintergrund kocht deine neue Liebe das Abendessen? Oh. Ich dachte, dein Alex-Chris wäre ...!« – »Eine Frau, Papa. Gewöhn´ dich dran.«

Abgesehen von der Familienspionage lassen sich die neuen Fern-Kommunikationskanäle natürlich auch dafür nutzen, Freundschaften zu pflegen. Insbesondere in Zeiten, in denen vielleicht viele Ihrer Kollegen und Freunde im Ruhestand dem Auswanderungswahn zum Opfer fallen und beschließen, ihre Zeit in Thailand, Bulgarien oder Italien zu fristen.

Keine Angst, Sie müssen Ihre Freunde heutzutage nicht mehr in persönlich in den Schwellenländern besuchen. Per Videostream können Sie sich stattdessen gefahrlos von deren Lebensstandard überzeugen und schlagen sich die Idee eines Ruhestands in fernen Paradiesen vielleicht schnell aus dem Kopf, bevor Sie in Gefilden landen, wo auf einen verfügbaren Arzt 20.000 Rentner kommen aber auf jeden Rentner etwa 2.000.000 Kakerlaken.

Facebook, WhatsApp, Instagram – was man heute so alles können sollte

Eigentlich kommt man an Facebook kaum vorbei – immerhin 2,7 Milliarden Menschen nutzen die Plattform weltweit. Dabei vollzieht sie einen vergleichbaren demografischen Wandel wie unsere industrielle Gesellschaft allgemein. Bei den Nutzern über 60 Jahren verzeichnete Facebook zuletzt einen Zuwachs von 23 Prozent, während sich ein Fünftel der 14- bis 19-Jährigen von dort wieder verdünnisierte; wahrscheinlich aus Angst, demnächst von der eigenen Oma angechattet zu werden. Gehören Sie noch nicht zu den regelmäßigen Facebook-Nutzern? Dann erfahren Sie hier einige gute Gründe dafür, sich zu registrieren – denn auch Facebook bietet viel Raum für gepflegtes Entertainment im Ruhestand.

»Ich will mich nicht auf Facebook anmelden, weil ich Angst davor habe, von Zombies und Mumien angeschrieben zu werden, die vorgeben, meine ehemaligen Schulkameraden zu sein!«

Diesen Einwand können wir verstehen. Schließlich ist es beinahe ein Naturgesetz, dass man selbst bis auf wenige graue Haare und liebenswerte Lachfältchen noch so aussieht wie zu Abitur-Zeiten, während einem die ehemaligen Mitschüler mit ihrem modrigen Anblick das kalte Grausen über den Rücken jagen. Sind die wirklich schon so alt geworden??!

Solche Begegnungen der dritten Art treiben Sie wahrscheinlich in Mitleidsattacken und Schrecksekunden, in denen Sie zum Spiegel stürzen, um zu überprüfen, ob Sie sich vielleicht ohne Ihr Wissen im Verlauf der letzten Sekunden in eine Kreuzung aus Jopi Heesters und Methusalem verwandelt haben. Doch, was für ein Glück, Sie sind noch immer näher an der Fraktion George Clooney und Demi Moore.

Um verstörende Begegnungen mit alten Freunden auf Facebook zu vermeiden, gibt es einen einfachen Trick: Legen Sie sich ein Profil unter einem Decknamen an. Denn hier müssen Sie beachten: Sich bei Facebook zu registrieren ist nicht damit zu vergleichen, ein Formular beim Einwohnermeldeamt auszufüllen. Auch wenn der liebe Herr Zuckerberg bei der Facebook-Anmeldung dringend darauf besteht, dass hier Klarnamen zu nennen seien, wie sie im Personalausweis stehen, können Sie sich das herzlich egal sein lassen. Schließlich spielt die Plattform auch nicht fair und verkauft Ihre Daten bei Bedarf auch gern mal an zweifelhafte Datenanalysten, damit die dann politische Strippen ziehen können. Und was kommt dabei heraus? Donald Trump als amerikanischer Präsident. Schönes Schlamassel. Dagegen ist Ihre kleine Schummelei bei der Facebook-Anmeldung doch keine große Sache.

Wählen Sie am besten einen Decknamen im Vorname-Nachname-Schema, der zu Ihnen passt und zumindest für Freunde und Familie irgendwie stimmig erscheint. Zum Beispiel „Schreibtisch Täter", „Otto Normalverbraucher" oder „Donald Duckmäuser". Auch bei der Angabe Ihres Berufes können Sie gern Ihre Fantasie spielen lassen. Während die emsigen Millennials jede Nano-Stufe auf der Karriereleiter in den sozialen Medien dokumentieren, weil sie hoffen, dass ein internationaler Headhunter über sie stolpern möge, genügen bei Ihnen grobe Angaben wie: Freelancer im Rentnering, CEO bei der Bore-out GmbH und Co. KG oder Kommerzialrat beim Dackelzüchterverein Klein Lengden. Dieselbe Zurückhaltung gilt auch für das Profilbild. Zwar möchte Facebook natürlich gern, dass wir ihm per Passbild einen Haufen biometrischer Daten liefern. Aber wir denken an die möglichen Folgen (Donald Trump als Bundeskanzler, kreisch!) und greifen lieber zu einem Foto unseres Lieblingsdackels. Und, wenn man es mal ehrlich betrachtet, ähneln Sie Ihrem preisgekrönten Zuchtrüden ungefähr genauso stark wie die durchschnittliche 30-Jährige ihrem eigenen Profilbild ähnelt, nachdem sie das Foto per Filter entrunzelt, die Lippen digital aufgepumpt und die Augen in Manga-Größe aufgeblasen hat. Glauben Sie mir, bei Facebook und Instagram besteht die große Gefahr, dass Sie Ihre eigene Nichte nicht wiedererkennen, die Sie eben noch beim Bäcker getroffen haben.

Sobald Sie sich Ihr Inkognito-Profil zugelegt haben, können Sie endlich unentdeckt Ihre ehemaligen Mitschüler, Kommilitonen und Kollegen stalken, falls es Sie doch danach drängt. Es kann nämlich unter Umständen ganz lustig sein, zu sehen, wie sich Blender und Angeber seit dem letzten Jahrhundert so entwickelt haben: Herbert hat zwar nicht mehr die Wallemähne, mit der er damals die Damenwelt beeindruckte, doch nennt sich dafür Henriette und trägt High-Heels. Hans-Jürgen, der schon kurz nach Führerschein-Erwerb mit einem Porsche an der Schule vorfuhr, ist jetzt zum strengen Veganer und Auto-Verweigerer mutiert. Sachen gibts ...

Darüber hinaus eröffnet Facebook einen ganz neuen Kosmos, wenn es darum geht, seine Nachbarn auszuspionieren. Das ist bekanntlich eine der liebsten Beschäftigungen von uns Deutschen, aber auf analogem Wege relativ mühsam: Der begrünte Sichtschutz erschwert den Blick auf die nachbarschaftliche Terrasse und um zu sehen, was die Nachbarn in ihren Einkaufstüten aus dem Kofferraum laden, muss man sich mühsam mit dem Feldstecher hinter den Gardinen verstecken. Dabei gäbe es so viel herauszufinden. Wie kann sich der Schmidt von nebenan schon wieder den neuen Wagen leisten? Wo fahren Müllers von gegenüber im Urlaub hin? Und wie steht es eigentlich um die Ehe von den Sperings, die drei Häuser weiter wohnen. Seine Frau hat man ja ewig nicht mehr gesehen.

Ein Glück, dass es Facebook gibt. Fernglas und Kaffeeklatsch waren gestern – heute spioniert man digital. Der Vorteil dabei: Hier verrät die Nachbarschaft alles freiwillig, was man sich beim Gespräch auf der Straße nie zu fragen trauen würde. Herr Schmidt gesteht seinem Kumpel Berti in den öffentlichen Kommentaren zu seinem neuen Automobil, dass er den Wagen „nur geleast" hat und das auch nur kann, weil er ihn als Firmenwagen absetzt. Wozu braucht eigentlich ein Hundefriseur einen Porsche Cayenne? Vielleicht sollten Sie da mal einen Hinweis beim örtlichen Finanzamt fallen lassen …

Wie dem auch sei: Die Müllers erzählen zwar immer, sie flögen zum Entspannen auf die Seychellen, doch wenn man ihre Facebook-Chronik durchstöbert, findet man nur Bilder von Kuhweiden in Südbayern und Wanderwegen im Harz. Und ob Herr Spering und seine Frau sich noch grün sind, erfahren Sie ganz einfach in seinem Beziehungsstatus. Ups, da steht ja „Single". Ob jetzt Flaute in Sperings Schlafzimmer herrscht, erfahren Sie zwar nicht direkt. Aber zumindest können Sie sehen, wie es da aussieht. Auf den aktuellen Bildern in seiner Facebook-Chronik. Dort zeigt er nämlich stolz, dass er sich ein neues Wasserbett mit schwarz-roten Bezügen gekauft hat, von dem aus die Bettbewohner Blick auf den 80-Zoll-Flatscreen mit Sound-Surround-System genießen. Hat schon was von Draculas Junggesellenbude, wenn man ehrlich ist. Aber schön, mal einen Blick in die vier Wände seiner Nachbarn erhaschen zu können, ohne sich den Hals am Fenster verrenken zu müssen. Das Internet macht den guten alten Spanner zu einer aussterbenden Gattung.

Noch lustiger, als in der Digitalchronik seiner Nachbarn intime Details zu entdecken, ist es, ihre geschönten Fotos und digitalen Lügen zu entlarven. So wie bei den Kessler-Kindern zum Beispiel. Die präsentiert die Familie auf Facebook als so goldgelockt lächelnde Engel, dass jeder sich gleich neidisch fragt, in welcher amerikanischen Seifenoper Herr und Frau Kessler diese Schätze wohl geklaut haben. Wer aber Garten an Garten mit den Kesslers lebt, erfährt, dass die Blagen an Garstigkeit und Unfug nicht zu überbieten sind. Letztens haben sie versucht, einen Frosch per Strohhalm zur Explosion zu bringen und, als ihnen das glückliche Tier entwischte, gingen sie dazu über, dem armen Hund mit Papas Elektrorasierer einen Irokesenschnitt zu verpassen. Ein Wunder, dass die Kesslers das idyllische Familienfoto auf Facebook überhaupt zustande gebracht haben. Vielleicht mussten sie dem Nachwuchs vorab Valium in der Schokomilch auflösen. Drogensüchtig wird die Bagage in ein paar Jahren ja ohnehin werden. Ein Vorteil auf Fotografien: Was für Kraftausdrücke aus den kleinen Schandmäulern sprudeln, hört der Betrachter nicht, und die Veilchen von den brutalen Prügeleien mit den Nachbarskindern kann man mit moderner Photoshop-Software einfach retuschieren. Aber Sie als Nachbarn können die Kesslers auf Facebook nicht täuschen. Sie kennen die Wahrheit über die kleinen Racker schließlich aus eigener ohrenbetäubender Erfahrung und haben nicht erst einmal die Polizei wegen nächtlicher Ruhestörung alarmiert, wenn die Kessler-Bande wieder eine Bölleratacke gegen die Briefkästen in der Nachbarschaft fuhr. So sehr klaffen eben Schein und Sein in der digitalen Selbstdarstellung auseinander.

Wie auch bei Frau Hottenrott. Sie trifft man nach Feierabend im Bürojob gern vor dem Schokoladenregal im Supermarkt, wo sie sich billige Pralinen und lila Schokoladentafeln in den Einkaufswagen lädt, in dem schon zwei Flaschen Rotwein herumlungern. Mit dieser kulinarischen Gesellschaft zieht sich die leicht korpulente alleinstehende Dame dann übers Wochenende in ihr Domizil zurück und verlässt es vor Montag nicht mehr. Das wissen ihre Nachbarn genau, denn Frau Hottenrotts Wagen bewegt sich ab Freitagabend nicht mehr aus der Auffahrt und hinter ihren Gardinen flackert das blaue Licht des TV-Geräts. Frau Hottenrott empfängt auch keinen Besuch – allenfalls der Pizzabote kommt dann und wann mit einer Maxi-Lieferung vorbei. Doch wenn Sie in der Facebook-Chronik der Stubenhockerin stöbern, können Sie Ihr blaues Wunder erleben. Wo man höchstens Rezensionen zu den neuen Schoki-Kreationen aus dem Hause Milka erwartet, überraschen stattdessen Bilder aus dem Jetset-Leben: Da prangt ein bunter Cocktail auf dem Marmortisch eines Luxushotels, rot lackierte Zehennägel aalen sich auf einem Liegestuhl vor einer Palmenlandschaft und an einer Damenhand prangt ein goldener Ring mit einem funkelnden Fünfkaräter in Herzform. Wie kann das sein? Das Internet machts eben möglich. Per Bilddatenbank und Photoshop können sich hier auch soziophobe Schokojunkies aus der ostwestfälischen Einöde ein Leben zusammenzimmern, dass andere vor Neid in die Tastatur beißen lässt. Vielleicht nicht die echten Nachbarn, denn vor denen lässt sich trostlose Einsamkeit schlecht kaschieren. Aber man kann leicht eine vierstellige Anzahl an Facebook-„Freunden“ beeindrucken, die man real noch nie getroffen hat. Weil sie in weit entfernten Städten und Ländern leben, wo sie wahrscheinlich auch isoliert vor dem Monitor sitzen, neben billigen Pralinenpackungen und kalter Pizza.

So entwickeln sich die sozialen Medien nach und nach zu einer Matrix-Welt, in der sich jeder einen Avatar seiner selbst aufbaut, der so viel schöner, reicher und beliebter ist, als man es in der Realität jemals sein könnte. Denn Menschen gieren nach dem Vergleich mit anderen und sich in der Realität zu vergleichen kann zuweilen ganz schön anstrengend sein. Es existieren sogar Studien dazu, dass die Nachbarn eines Lottogewinners sich in Schulden stürzen, um neue Autos zu kaufen und ihre Häuser zu vergrößern, damit sie neben dem Glückspilz materiell nicht den Kürzeren ziehen.

Wem erzähle ich das? Sie als angehender Ruheständler haben sicher jahrzehntelange Erfahrung mit dem Nachbarschaftswettrüsten. Wer hat das größte Haus, den unkrautfreiesten Rasen und den gigantischsten Grill? Diese Fragen haben in den vergangenen Dekaden viele Berufstätige zu Höchstleistungen angespornt – immerhin musste man Karriere machen, um dem protzigen Wintergarten der Schmidts einen Koi-Karpfen-Teich entgegenzusetzen. Nachdem Sie sich das Gleichgewicht des ästhetischen Schreckens in Ihrer Nachbarschaft mithilfe von Überstunden und Cholesterinsenkern hart erkämpfen mussten, bleibt Ihnen jetzt festzustellen: Die junge Generation hält einfach gar nichts mehr aus. Anstatt sich das harte Duell am Jägerzaun zu liefern, tragen Ihre Söhne, Töchter und Enkel die Prestige-Kriege virtuell aus und bedienen sich dabei Fotofiltern, die den profanen Sonnenuntergang in einem mitteldeutschen Dorf aufpimpen, als stamme er aus einem Reiseprospekt für Jamaika.

Karl Marx wäre überrascht, denn heutzutage ist eigentlich nicht mehr die Religion das Opium fürs Volk, sondern die virtuelle Welt in Social Media. Den Effekt können Sie auf Instagram gut an sich selbst ausprobieren. Geben Sie ins Suchfeld Begriffe wie „Sonnenuntergang", „Blumen" oder „Oldtimer" ein und sie finden jeweils etwa viereinhalb Millionen Fotos, die zauberhafte Welten in bunten Farben und glänzenden Lackierungen zeigen. Man staunt und scrollt und schaut und scrollt weiter und kann sich einfach nicht mehr vom hypnotischen Anblick losreißen. Diese Erfüllung persönlicher Bedürfnisse macht das Internet eben so viel diabolischer als das Old-School-Fernsehprogramm, bei dem jeder halbherzig das schauen musste, was laut der Programmdirektoren der Masse aller 14- bis 49-Jährigen am ehesten schmecken würde. Das Internet eröffnet dagegen jedem die Möglichkeit, sein eigener Programmdirektor und – noch besser – sein eigener

Hauptdarsteller im völlig überzogenen Hollywood-Blockbuster seines Lebens zu sein. Doch bevor wir hier in grenzenloses Geschwafel abschweifen, sei nur kurz zusammengefasst: Falls Sie psychologisch, soziologisch oder generell an Irrsinn interessiert sind, bieten Ihnen Facebook und Co unerschöpfliches Studienmaterial, das problemlos Ihre gesamte Ruhestandsfreizeit ausfüllt.

Facebook als Familienalbum

Ganz nützlich ist Facebook auch, um die Familie in Schach zu halten. Wenn Sie sich mit Kindern und Enkeln auf Facebook „befreunden“, bekommen Sie nämlich gleichzeitig Einblick in das Leben von deren Bekannten und Kollegen. Ihren Sohn können Sie dann mal dezent darauf hinweisen, dass sich sein Kollege Jonas schon wieder einen nagelneuen Wagen geleistet hat. Dabei können Sie gleich anmerken, ob Ihr Sprössling sich nicht mal stärker beim Chef für eine potenzielle Gehaltserhöhung in den Vordergrund drängen wolle.

Ein großes Hallo ernten Sie auch, wenn Sie Kinderfotos veröffentlichen, auf denen sich Lukas (heute 34 Jahre alt und überbezahlter Hedgefonds-Manager in Frankfurt) als fünfjähriger Knirps mit dem nackten Hintern in seine Geburtstagstorte setzt. Derartige Erziehungsmaßnahmen eignen sich gut, wenn Ihr Nachwuchs Ihnen zwar versprochen hat, Ihnen beim Einrichten des neuen Computers zu helfen, aber die Termine aus Zeitmangel laufend verschiebt. Spielen Sie einfach das unbedarfte Unschuldslamm:

> **»Wie meinst du dass, das schöne Kinderbild von dir wäre jetzt öffentlich und dein Chef hätte dich schon darauf angesprochen? Ich dachte, das wäre MEINE Chronik in Facebook. Wieso ist die öffentlich? Verstehe ich nicht .!«**

Allzu weit sollten Sie es dabei vielleicht nicht treiben, denn auch putzige Babys, die sich einst gegen das Fotografieren nicht zu Wehr setzen konnten, haben später das Recht am eigenen Bild. Eskaliert ist ein Familienstreit in Österreich, als eine 18-Jährige ihre Eltern vor Gericht zog, weil diese ihr gesamtes Familienalbum auf Facebook teilten. Dort konnten über 1.000 „Freunde“ bildlich mitverfolgen, wie das kleine Mädchen erst den Babybrei auf Papas Schulter spuckte und dann lernte, aufs Töpfchen zu gehen. Die nachvollziehbare Argumentation der Eltern *„Dieses Kind haben wir* *schließlich geboren, da können wir so viele Fotos von ihm auf Facebook posten, wie wir wollen*" entspricht leider nicht der europäischen Gesetzgebung.

Sei´s drum. Facebook können Sie nicht nur vortrefflich dazu nutzen, Nachbarn zu stalken und Kinder zu ärgern, sondern auch dafür, Gleichgesinnte für beinahe jeden Unfug aufzutreiben. Glaubten Sie bislang, der deutschlandweit einzige Sammler von dackelförmigen textilen Eierwärmern aus dem England des 19. Jahrhunderts zu sein? Fürchten Sie, niemand anderes in diesem Universum teilt Ihre Liebe zur Schönheit etruskischer Fingerhüte? Meinen Sie, Ihre Gelüste nach Gorgonzola mit Bitterschokolade und nach altkirchenslawischer Lyrik seien einzigartig?

Weit gefehlt! Im unendlichen Kosmos von Foren und Facebook-Gruppen finden Sie garantiert eine Gemeinschaft, die optimal zu Ihren Leidenschaften passt. Ganz gleich, ob es sich dabei um antike Modelleisenbahnen oder Hightech-Drohnen handelt.

Falls Sie also bislang nur Ihrer Gattin gelegentlich auf die Nerven fielen, wenn Sie am Sonntagnachmittag über Ihr weltveränderndes Hobby fachsimpelten, können Sie das im Internet zu einer Diskussion mit Profis und zu einem Fulltime-Job ausweiten. Je nach Konstellation entlasten Sie damit Ihre durch die Ruhestandslangeweile angespannte Beziehung und geben ihrer Frau Zeit, auch mal wieder mit ihren Freundinnen zu quatschen. Doch achten Sie darauf, dass Sie Ihre Gattin nicht in den Wahnsinn treiben, weil Sie von einem physisch abwesenden Büro-Ehemann zu einem psychisch abwesenden Internet-Junkie mutieren. Noch mehr freut sich die Arme nur dann, wenn Sie ihr ankündigen:

> »Schatz, gute Neuigkeiten! Das internationale Symposion des Vereins für Transistorradio-und-Röhrenbildschirm-Artenschutz e. V. findet dieses Jahr bei uns im Wintergarten statt."

Was sich außerdem noch gut über das Internet erledigen lässt

Man überlege mal, wie viel Arbeit sich Oma vor 30 Jahren noch machte: Penibel durchforstete sie Zeitungen und Illustrierte nach Artikeln, die ihre Lieben auch nur im Entferntesten betreffen könnte. Säuberlich ausgeschnitten und mit Datum und Quelle versehen, tütete die alte Dame die Schnipsel dann in ein frankiertes Kuvert ein, um es zum Briefkasten zu tragen. Auf dem Schreibtisch des Adressaten stapelte sich dann die großmütterliche Post in Höhe des World Trade Centers und landete irgendwann im Altpapier. Was für eine Verschwendung! Da sind die modernen Medien wesentlich umweltfreundlicher und kommunikativer.

Entdecken Sie gerade einen Artikel über Burn-out, der wie maßgeschneidert auf Ihren workaholischen Sohn oder Ihren gestressten Ex-Kollegen passt? Warten Sie nicht drei Sekunden, sondern verschicken Sie den Link impulsiv per Mail. Noch besser: per WhatsApp. Bei diesem Chat-Anbieter verraten Ihnen nämlich listige blaue Häkchen, wenn der betreffende Adressat die Nachricht angesehen hat. Darauf folgt sofort Ihre Nachfrage

»Und?? Das klingt ganz nach dir, oder??«

Wenn jetzt zurückkommt „Hmhm, weiß nicht“, erweitern Sie Ihre Recherche:

»Hier: [LINK einfügen] Diese 5 Testfragen verraten dir angeblich sofort, ob du unter Depressionen leidest!«

Lässt sich das Gegenüber weichkochen „*Hmmm, kann sein …*“, können Sie gleich tätig werden:

»Hier sind die drei nächsten Psychiater in deinem Umkreis. Beim Dritten kannst du online Termine vereinbaren. Soll ich das mal eben für dich machen?«

Wie FaceTime und Skype ermöglichen auch Chat-Dienste wie WhatsApp und Telegram einen Grad der Übergriffigkeit, von dem Oma in der analogen Zeit nur träumen konnte. Sie können nicht nur Informationen verschicken, sondern auch das Wetter bei ihrem Kommunikationspartner überwachen

> *»Warum sitzt ihr denn in der Wohnung? Ist doch so schöner Sonnenschein bei euch heute!«*,

die örtlichen Gegebenheiten recherchieren

> *»Der nächste Wochenmarkt ist doch nur 500 m von euch entfernt! Warum kauft ihr immer dieses ungesunde Discounter-Zeug?«*

und Beweisfotos verlangen:

> *»Trägt Lukas auch heute zum Bewerbungsgespräch die Krawatte, die ich ihm geschenkt habe?«*

Insbesondere Mütter, die schon immer Schwierigkeiten hatten, ihre Kinder aus dem Haus zu lassen, können auf diese Weise die gesamte Lebensplanung der jungen Berufstätigen übernehmen. Google verrät, ob ihrem Arbeitgeber ein Insolvenzverfahren droht, in welchem Stadtviertel sie eine Immobilie erwerben sollten und ob Wissenschaftler jüngst herausgefunden haben, dass ihr antiautoritärer Erziehungsstil die Enkel zu Soziopathen macht.

Dankenswerterweise bieten die modernen Kommunikationskanäle darüber hinaus die Möglichkeit, jede Äußerung per Emoticon (dicse seltsamen gelben Gestalten im Zustand diverser Gefühlsausbrüche) emotional hoffnungslos zu überladen. Wer dabei das Tsunami-Heul-Emoticon und das Schlotter-vor-Angst-Emoticon wohldosiert einsetzt, bringt die Kinder eher zum Funktionieren als es ellenlange Ansprachen am Telefon tun. Die junge Generation verhält sich eben wie eine Horde Steinzeitmenschen und reagiert lieber auf Bilder und Grunzlaute statt auf Eloquenz.

Was für Mama ihr WhatsApp ist für Papa sein YouTube

Sie wollen im Ruhestand gern etwas Neues anfangen? Zum Beispiel Imkern, Bier brauen oder einen Teilchenbeschleuniger bauen? Kein Problem mit dem richtigen Anleitungsvideo. Im Grunde genommen können Sie auch all ihre Bücher im Kamin verbrennen, da YouTube einfach für jedes Unterfangen passende Erklärvideos bietet, bei denen Sie den Akteuren direkt auf die Finger schauen können. So werden Heimwerken, Gemüseanbau und Atomphysik zum Kinderspiel. Darüber hinaus lernen Sie auch weitere überlebenswichtige Fertigkeiten, z. B. wie man eine Rocky-Balboa-Skulptur aus Ramennudeln herstellt oder wie man sich Smokey Eyes schminkt.

Doch mit dem Nachturnen ist es nicht getan. Halten Sie sich selbst für eine Koryphäe im handwerklichen Bereich, deren Kompetenzen bislang schändlich übersehen wurden? Dann lassen Sie die Welt jetzt daran teilhaben! Aussagekräftige YouTube-Videos können Sie bereits mit einfachster Kameratechnik und ein wenig Licht selbst drehen. So zeigen Sie der Welt da draußen in Echtzeit, wie Sie die perfekte Rasenkante per Zirkel und Wasserwaage abstechen oder wie Sie eine Entenbrust mit 63,57 Grad Kerntemperatur in Ihrem Sous-Vide-Garer zubereiten.

Das Komplizierteste daran ist noch das Hochladen der Videos auf Ihren persönlichen Kanal. Dabei hilft Ihnen aber bereitwillig der Nachbarsjunge, wenn Sie ihm 10 Euro in die Hand drücken oder ihm versprechen, seinen Eltern nichts davon zu erzählen, dass er regelmäßig Joints hinter den Müllcontainern raucht. Wenn Ihre Videos erst online sind, lassen Sie sich vom Domino-Effekt überraschen.

Ob Streichholzmodellbau oder Sauerteigzüchtung, selbst für die kleinsten Spartenthemen gibt es ein Publikum, das nicht müde wird, sich in Diskussionen über Details zu zerreiben. Und genau das haben Sie doch zugegebenermaßen an Ihrem Job am meisten geliebt. Denn wer will noch konzentriert arbeiten, wenn er in sinnlosen Meetings stundenlang im Zeichen der Selbstprofilierung schwafeln und fabulieren kann. Etwa darüber, ob eine 50 Gramm schwerere Papierqualität der Visitenkarten dem Kunden nicht mehr Respekt einflößen würde. Oder ob nicht erst mal per Abstimmung ein Termin für die Abstimmung über das Kartenpapier gemacht werden sollte … Na, driften Sie schon ins Träumen ab? Vermissen Sie diese ideologischen Duelle ohne Sinn? Können Sie wiederhaben! Starten Sie Ihren eigenen YouTube-Kanal.

Deutschsprachige Erstausgabe im Juli 2020

Andreas Bergmann wird vertreten durch:
Anna Wulschner
Wilhelmstal 5
24768 Rendsburg
E-mail: happyruhestand@web.de

Covergestaltung: Wolkenart Marie Katharina Wölk
www.wolkenart.com
Coverbild: Oyeplot
Illustrationen: maxtrella

Independently published by Viatis
ISBN: 978-3-9821301-3-2

Printed in Poland
by Amazon Fulfillment
Poland Sp. z o.o., Wrocław

13964049R00066